山海经

陈丝雨　绘
孙见坤　注

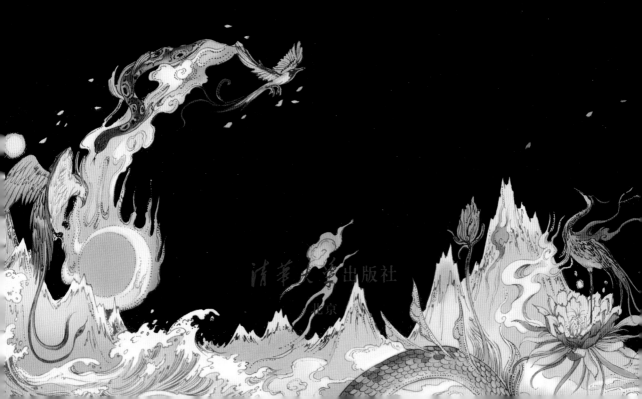

清华大学出版社

北京

图书在版编目（CIP）数据

山海经 / 陈丝雨绘；孙见坤注 . –– 北京：清华大学出版社，2021.11（2025.5 重印）
ISBN 978-7-302-51366-7

Ⅰ . ①山… Ⅱ . ①陈… ②孙… Ⅲ . ①历史地理—中国—古代 Ⅳ . ① K928.631

中国版本图书馆 CIP 数据核字 (2018) 第 232186 号

责任编辑：张立红
书籍设计：事缓则圆工作室
责任校对：赵伟玉
责任印制：丛怀宇

出版发行：清华大学出版社
　　　网　　　址：https://www.tup.com.cn, https://www.wqxuetang.com
　　　地　　　址：北京清华大学学研大厦 A 座　　　　　　邮　　编：100084
　　　社 总 机：010-83470000　　　　　　　　　　　　邮　　购：010-62786544
　　　投稿与读者服务：010-62776969，c–service@tup.tsinghua.edu.cn
　　　质 量 反 馈：010-62772015，zhiliang@tup.tsinghua.edu.cn
印 装 者：北京博海升彩色印刷有限公司
经　　销：全国新华书店
开　　本：185mm×260mm　　　印　张：21.5　　插 页：1　　字　数：116 千字
版　　次：2021 年 11 月第 1 版　　印　次：2025 年 5 月第15次印刷
定　　价：228.00 元

产品编号：072317–05

地之所载

六合之间

四海之内

照之以日月

经之以星辰

纪之以四时

要之以太岁

神灵所生

其物异形

或夭或寿

唯圣人能通其道

目录

山经

海经

鲧治水

洪水滔天。

鲧窃帝之息壤以堙洪水，不待帝命。

帝令祝融杀鲧于羽郊。鲧复生禹。

帝乃命禹卒布土以定九州。

　　洪荒时代，到处是漫天大水。鲧没有等待天帝下令，便偷偷拿天帝的息壤——一种可以生长不止、堆土成堤的神土，用来堵塞洪水。天帝发现后大怒，派祝融把鲧杀死在羽山的郊野。鲧死了三年，尸体都不腐烂，禹从鲧的遗体肚腹中生了出来。天帝命令禹再去施行土工，禹制住了洪水，最终划定了九州区域。

《海内经》既包括撰写者所处时代的内容，也涉及撰写者所了解的历史知识，例如古代氏族、部落、民族的血缘传承关系以及先人的科学技术发明活动等。鲧治水的历史故事在此记述。

韩 流

流沙之东，黑水之西，

有朝云之国、司彘之国。

黄帝妻雷祖，生昌意，昌意降处若水，生韩流。

韩流擢首、谨耳、人面、豕喙、麟身、渠股、豚止，

取淖子曰阿女，生帝颛顼。

在流沙的东面，黑水的西岸，有朝云国、司彘国。黄帝的妻子雷祖，也叫嫘祖，生下昌意。昌意因为犯错被贬谪到若水居住，生下韩流。韩流长着长长的脑袋、小小的耳朵、人的面孔、猪的嘴、麒麟的身子，罗圈腿，还有一双猪的蹄子。他娶了淖子族中一个叫阿女的为妻，生下帝颛顼。

魃（音拔）

有人衣青衣，名曰黄帝女魃。

蚩尤作兵伐黄帝，黄帝乃令应龙攻之冀州之野。

应龙畜水，蚩尤请风伯雨师，纵大风雨。

黄帝乃下天女曰魃，雨止，遂杀蚩尤。

魃不得复上，所居不雨。

叔均言之帝，后置之赤水之北。

叔均乃为田祖。魃时亡之。

所欲逐之者，令曰："神北行！"先除水道，决通沟渎。

有一个穿着青色衣服的人，名叫黄帝女魃。当初黄帝和蚩尤相争的时候，蚩尤制造了多种兵器用来攻击黄帝，黄帝便派应龙到冀州的原野去抵御。应龙积蓄了很多水，而蚩尤请来风伯和雨师，掀起了一场大风雨，应龙败退。于是黄帝就降下名叫魃的天女助战，据说她又名旱魃。很快雨被止住，于是黄帝得以杀死蚩尤。女魃因神力耗尽而无法再回到天上，她居住的地方没有一点雨水。叔均将此事禀报给黄帝，后来黄帝就把女魃安置在赤水的北面。旱灾的危机得以解除，叔均便做了田神。可这女魃并不安分，常常到处逃亡，所到之处都会出现旱情。要想驱逐她，事先要清除水道，并疏通大小沟渠，然后向她祷告说："神啊，请向北去吧！"据说这样便能将女魃驱逐，从而求来大雨，旱情自然缓解。

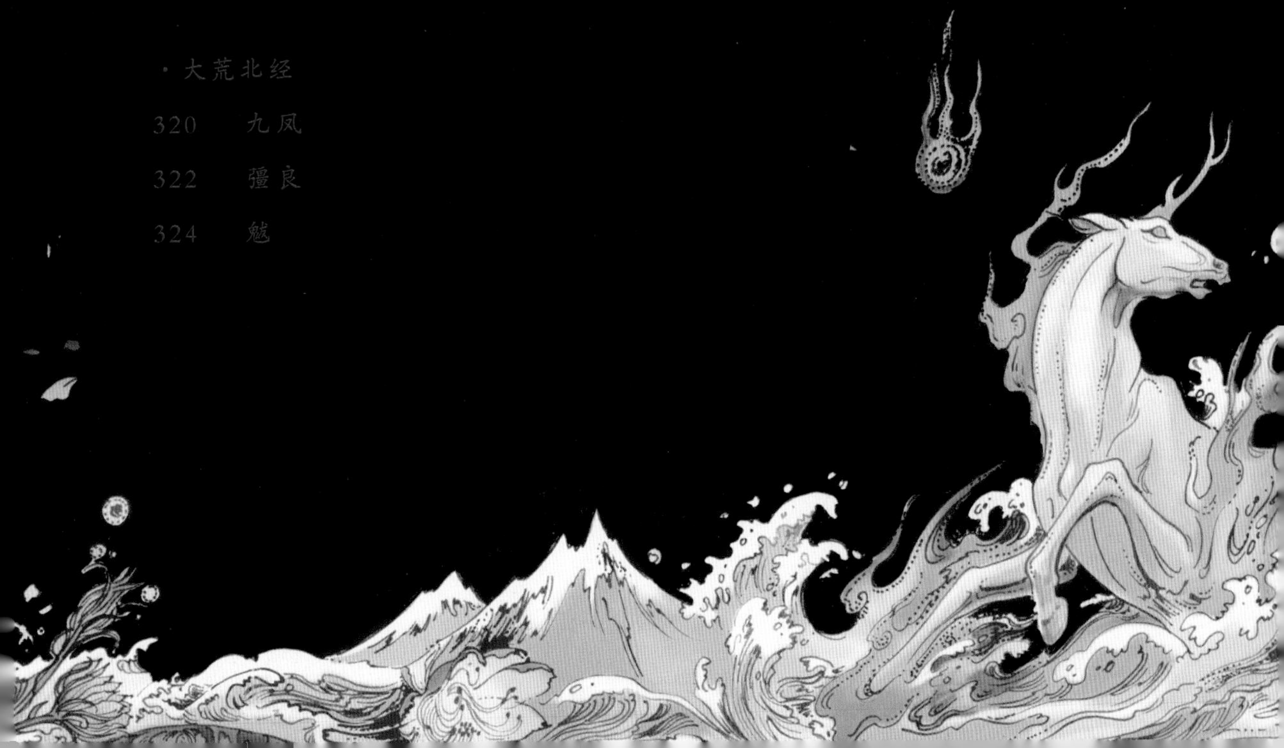

山海經

神怪绘卷

峳(音由)峳

又南五百里，曰硬（音因）山，南临硬水，东望湖泽。有兽焉，其状如马，而羊目、四角、牛尾，其音如獆（音豪）狗，其名曰峳峳，见则其国多狡客。

——《山海经·东山经》

再往南五百里是硬山，南面与硬水相邻，向东可以望见湖泽。有一种名叫峳峳的野兽，它的形状像马，但长着羊的眼睛、四只角、牛的尾巴，它的叫声像獆狗嚎叫，它的出现表明当地会有许多狡诈的奸人。

鸣鸟

有弇（音演）州之山，五采之鸟仰天，名曰鸣鸟。爰（音元）有百乐歌儛（音舞）之风。

——《山海经·大荒西经》

有座弇州之山，有五彩的鸟正仰头向天鸣叫，名叫鸣鸟。这里风行各种乐曲歌舞。

鯈(音条)鳙(音永)

又南三百里，曰独山，其上多金玉，其下多美石。末涂之水出焉，而东南流注于沔（音免）。其中多鯈鳙，其状如黄蛇，鱼翼，出入有光，见则其邑（音义）大旱。

——《山海经·东山经》

继续向南三百里是独山，山上有很多金属和玉石的矿藏，山下有很多漂亮的石头。涂之水从这里发源，向东南流入沔水。其中有许多鯈鳙，它的样子像黄色的蛇，长着鱼鳍，它出入时都会发出光，它的出现预兆着当地将发生大的旱灾。

诸怀

又北二百里，曰北岳之山，多枳、棘、刚木。有兽焉，其状如牛，而四角、人目、彘（音至）耳，其名曰诸怀，其音如鸣雁，是食人。诸怀之水出焉，而西流注于嚣水。其中多鮨（音义）鱼，鱼身而

羬羊

句芒

騹疏

犬首，其音如婴儿，食之已狂。

——《山海经·北山经》

再往北二百里，是北岳之山，多枸橘、荆棘、刚木。有一种野兽，它的形状像牛，却长着四只角、人的眼睛、猪的耳朵，名叫诸怀，它的叫声像大雁在鸣叫，能吃人。诸怀之水从这里发源，向西流入嚣水，其中有很多鮨鱼，长着鱼的身子和狗的头，它的叫声像婴儿，吃了它的肉可以治疗狂躁病。

水马

又北二百五十里，曰求如之山，其上多铜，其下多玉，无草木。滑水出焉，而西流注于诸毗（音皮）之水。其中多滑鱼，其状如鳝（音善），赤背，其音如梧，食之已疣。其中多水马，其状如马，文臂牛尾，其音如呼。

——《山海经·北山经》

再往北二百五十里是求如之山，山上多产铜，山下多产玉石，没有草木。滑水从这里发源，向西流入诸毗之水。其中有很多滑鱼，样子像鳝鱼，红色的背，叫声像琴瑟之类的乐器，人吃了它的肉可治疣赘。还有许多水马，它的形状像马，前腿上有花纹，尾巴像牛，叫声像人在喊叫。

毕方

毕方鸟在其东，青水西，其为鸟人面一脚。一曰在二八神东。

——《山海经·海外南经》

有鸟焉，其状如鹤，一足，赤文青质而白喙（音绘），名曰毕方，其鸣自叫也，见则其邑有讹（音鹅）火。

——《山海经·西山经》

毕方鸟在它的东面、青水的西面，这种鸟有着人的面孔，用一只脚站立。也有一种说法认为毕方鸟是在二八神的东面。

有一种鸟，样子像鹤，却只有一只爪子，红色的花纹、青色的身体、白色的喙，名叫毕方，它的叫声就是自己名字的读音，它的出现预兆当地会有怪异的火灾。

古人对于毕方的来历有很多种说法，有的说它是"木之精"，所以能够引火；有的说它是"老父神"，经常往人家叼火种。到了《韩非子》中，这种经常给人带来火灾的恶鸟，居然摇身一变，成了护卫黄帝车驾的神鸟。

狰

又西二百八十里，曰章莪（音俄）之山，无草木，多瑶碧。所为甚怪。有兽焉，其状如赤豹，五尾一角，其音如击石，其名如狰。

——《山海经·西山经》

再往西二百八十里，是章莪山，没有草木，有许多青碧色的玛瑙和似玉一般的美石。山里有许多奇怪的东西。有一种野兽，样子像红色的豹，五条尾巴、一只角，发出的声音像敲击石头。它的名字叫狰。

句芒

东方句芒，鸟身人面，乘两龙。

——《山海经·海外东经》

东方的木神叫作句芒，他同时还是司理春季的司春之神，据说他是少昊的儿子，但也有人说他是少昊的叔叔。但不管怎么说，他都是少昊一族的。可他却没有留在少昊所掌管的西方，而是辅佐东方的天帝太昊管理东方。他长着人的脸、鸟的身子，乘着两条龙。据说，他还能掌管人的寿命。据《墨子》中所说，句芒曾经奉天帝之命，赐给秦穆公十九年阳寿。而秦国正是以少昊为他们的祖先，看来这位句芒神还是蛮照顾同族后辈的。

巫咸

巫咸国在女丑北，右手操青蛇，左手操赤蛇，在登葆山，群巫所从上下也。

——《山海经·海外西经》

巫咸国在女丑的北面，巫咸右手抓着青蛇，左手抓着赤蛇。巫咸居住在登葆山，群巫在这里上下，传达天意给民间。巫咸可谓是上古时期一位知名的大巫师，在不同的古籍中，他一会儿是黄帝手下的占卜师，一会儿是尧帝的御医，一会儿又是商代中宗太戊的大祭司。变幻莫测，令人费解。不过看了《海外西经》的这段记载，大家可能就会理解，原来巫咸并不是具体的某一个人，而是一个巫师群体。而这里提到的登葆山，就是传说中巫师们沟通人神、上达天界的天梯了。

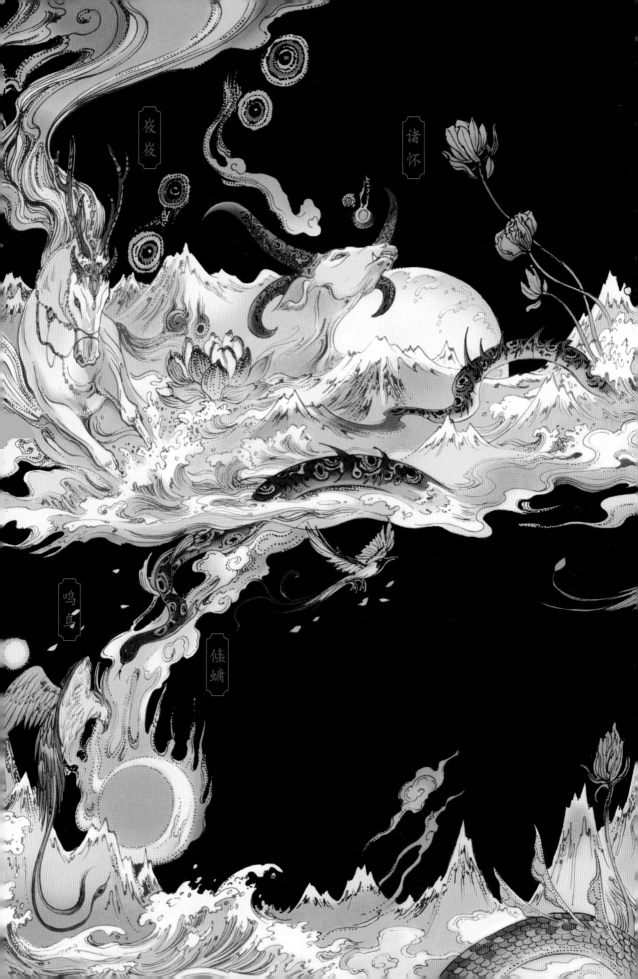

羬(音前)羊

《西山经》华山之首，曰钱来之山，其上多松，其下多洗石。有兽焉，其状如羊而马尾，名曰羬羊，其脂可以已腊。

——《山海经·西山经》

《西山经》华山这一组山，第一座山是钱来山，山上有许多松树，山下有许多洗石。有一种野兽，它的形状像羊，尾巴却像马尾，它名叫羬羊，它的油脂可以治疗皮肤皴（音村）皲、龟裂。郭璞认为月氏国的一种大羊就是羬羊。据说月氏国的大羊光是尾巴就有十斤重，割下来供人食用，它还能再长出来。

騅(音欢)疏

又北三百里，曰带山，其上多玉，其下多青碧。有兽焉，其状如马，一角有错，其名曰騅疏，可以辟火。

——《山海经·北山经》

再往北三百里，是带山，山上多产玉，山下多产青碧。有一种野兽，它的样子像马，长着磨刀石一般的角，它名叫騅疏，饲养它可以防御火灾。

蓐(音入)收

西方蓐收，左耳有蛇，乘两龙。

——《山海经·海外西经》

又西二百九十里，曰泑山，神蓐收居之。

——《山海经·西山经》

西方的金神叫作蓐收，他同时也是司理秋季的司秋之神。有趣的是，他和句芒一样，有的书上说他是少昊的儿子，也有的书上说他是少昊的叔叔。两位大神都有这样混乱的出身，确实容易令人起疑。因而有人认为，蓐收和句芒的"叔"都只是职位尊称，而并非是血缘关系。与句芒不同的是，蓐收留在了西方，辅佐少昊掌管西方。他左耳上挂着蛇，乘着两条龙。不过在《国语》里，它还有着刑神的身份。而当他以这个身份出现时，形象就威猛了许多：人面、白毛、虎爪，握着斧钺（音越）。

《山海》神怪，其数夥多，篇幅所限，未能毕载。再择若干，绘其面貌，缀为长卷。

山

经

《南山经》是《山海经》的第一篇，它记述南次一经、南次二经、南次三经这三条自西向东的山脉及其地理区域内的自然和物产，当地山神、水神等神仙和神兽，其中九尾狐、凤凰等常常被后世神话选作主角，展开各种演绎。

鹿蜀

有兽焉，其状如马而白首，其文如虎而赤尾，其音如谣，

其名曰鹿蜀，佩之宜子孙。

大概在现在广东连州附近，上古时有一座杻阳山，山中有一种神兽，叫作鹿蜀。它样子很像马，却长着白如雪的脑袋，火焰般红色的尾巴，身上还有老虎一般的花纹，叫声悦耳就像是人在唱歌。将它的皮毛佩带在身上，就可以多子多孙。对于重视家族绵延的中国人而言，这确实是一种难得的神兽。传说明代崇祯年间，有人在临近闽南地区见过它。自此以后，鹿蜀的踪影再也没有出现过。

旋龟

怪水出焉，而东流注于宪翼之水。

其中多玄龟，其状如龟而鸟首虺尾，其名曰旋龟，

其音如判木，佩之不聋，可以为底。

自杻阳山发源出一条名叫怪水的河，向东流汇入宪翼水。传说在这条河中曾有一种奇怪的龟，样子像是普通的黑乌龟，但却长着鸟的头、毒蛇的尾巴，叫起来像是劈木头发出的声音。传说人们若是佩带它可以不患耳聋，而且它对治疗足茧也有奇效。它名叫旋龟，也叫去龟。

舜帝晚年洪水成灾，鲧受命治水却始终想不出该如何拦截这滔天巨浪。一日他漫步河边，看到了旋龟首尾相连的样子，受此启发，筑起大堤阻拦洪水。后世人皆知筑堤拦水并不能制住洪水，失败的他被舜帝处死。后来，当鲧的儿子大禹继承父业继续治水时，这旋龟不请自来，和黄龙一同协助大禹。数千年之后的文士们记载了这一多年来口耳相传的奇景："黄龙曳尾于前，玄龟负青泥于后。"比起治聋疗茧，这一仁心更是旋龟之所以神异的所在。

鲑 (音陆)

有鱼焉，其状如牛，陵居，蛇尾有翼，
其羽在鲑下，其音如留牛，其名曰鲑，冬死而夏生，食之无肿疾。

杻阳山往东三百里，有一座山名为柢山。在这里有一种集鸟、兽、鱼、蛇四种动物特征于一体的怪鱼，名叫鲑。它的体形像牛，叫声也像牛，长着蛇一般的尾巴和鸟一样的翅膀，其中翅膀长在两肋之下。后世有人还说它有着牛蹄一样的四足。传说鲑鱼冬天蛰伏，夏天苏醒；人吃了它可以治疗身上的肿痛。

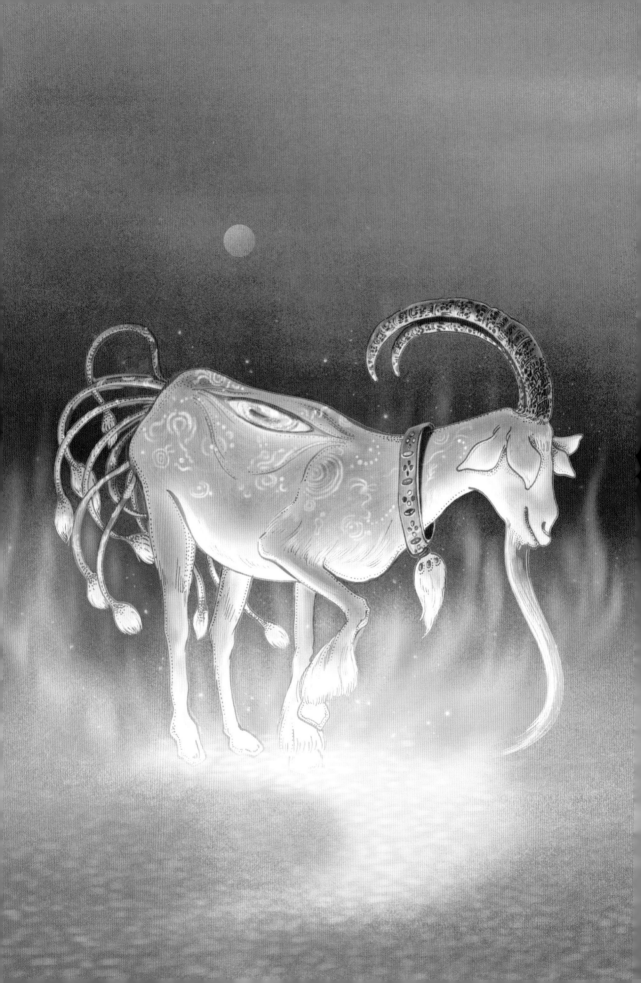

猼訑 （音伯仪）

有兽焉，其状如羊，九尾四耳，

其目在背，其名曰猼訑，佩之不畏。

　　柢山出来再往东三百里就到了基山，这座山里面有一种叫猼訑的怪兽，它外形很像羊，但却长着九条尾巴、四只耳朵，两只眼睛很奇怪地长在了脊背上。虽然它的外形如温顺的羊，但人只要把它的皮毛佩带在身上，就可以无所畏惧，驰骋天地之间。其形温顺之至，其用则勇悍之极，在这两个极端的反差之下，更觉猼訑之神且怪。

鸱鸺（音厂夫）

有鸟焉，其状如鸡而三首六目、六足三翼，

其名曰鸱鸺，食之无卧。

　　和猼訑在同一座山上，还有一种名叫鸱鸺的怪鸟。这种怪鸟样子像鸡，但却长着三个脑袋、三双眼睛、三对脚和三只翅膀，甚是奇异，都与"三"有关。有人说，这怪鸟的身上蕴含了上古先民某些特殊的宗教寓意。据说，这种鸟性子急躁，因而人吃了它兴奋得睡眠就会减少，甚至根本无需睡眠。

九尾狐

有兽焉，其状如狐而九尾，其音如婴儿，能食人；食者不蛊。

从基山再往东三百里就到了青丘山，在这座山的深处住着传说中的九尾狐。这九尾狐样子像狐狸，长着九条尾巴，叫声像婴儿的啼哭。

历来注解《山海经》的学者，或是阅读《山海经》的读者，几乎都把九尾狐视作是一种会吃人的怪兽，罕有异议。但是，理工科出身、善于逻辑思维的王红旗在清华大学出版社出版的《山海经全集精绘》中，却提出了一个大家都忽视的细节：王红旗发现，《山海经》在介绍每一种怪兽会吃人的时候，都是使用了"是食人"这样的描述，只有在九尾狐的描述中使用了"能食人"。在他看来，这一全书独一无二的用法，很有可能意味着九尾狐是一种能喂食人类的神兽，而不是会吃人的怪兽。这个推测至少在逻辑上是可能的。因为《山海经》原文确实存在着"是食人"和"能食人"两种不同的描述，而"能食人"又确实仅仅用在了九尾狐身上，而人如果吃了它则可以摒除各种妖邪之气，如同后世佩带了神符秘箓的道士一般。王红旗的解释，大家肯定会有不同的意见，但不能否认，这确实是值得参考的一家之言。同时，这个解释也和汉魏时期将九尾狐视作太平祥瑞的看法，更为契合一些。另外，当地还有歌谣称，有幸看到九尾白狐的人便可为王。传说大禹三十岁时路过涂山，曾看到一只九尾白狐，后来他果然做了天子。九尾狐的形象，在西周铜器上便曾出现，后来又和蟾蜍、三足乌等一起出现在西王母的身边，从怪兽到祥瑞，也许它最后真的修炼成仙，留在了虚无缥缈的昆仑仙山。

赤鱬 (音如)

英水出焉，南流注于即翼之泽。其中多赤鱬，其状如鱼而人面，

其音如鸳鸯，食之不疥。

在青丘山之中，有一条叫英水的河从此发源，向南注入了即翼泽。静谧的英水中有一种神奇的鱼，名为赤鱬，它形如鱼，不过这鱼却长着一张美人脸。赤鱬的叫声如同鸳鸯，如果人吃了它，就可以不生疥疮。

鴸（音朱）

有鸟焉，其状如鸱而人手，其音如痹， 其名曰鴸，其名自号也，
见则其县多放士。

　　大概在今天湖南常德西南的某个地方，有一座柜山。这山上有一种名叫鴸的鸟，它长得像鸱鹰，但爪子却是人手的样子，整天"朱、朱、朱"地叫着，像是在呼唤自己的名字。传说这种鸟是尧帝的儿子丹朱变成的，丹朱为人顽凶傲虐，因而尧帝将天子之位让给舜，而将他放逐到南方做了一名小诸侯。心有不甘的丹朱，联合三苗的首领起兵反叛，结果叛乱被镇压，走投无路的丹朱投海而死，死后魂魄仍有不甘，化为鴸鸟。只要这种怪鸟一出现，它所在的郡县贤德之士便会被疏远，甚至于被放逐，君子去朝，自然小人得势。

猾褢 (音滑怀)

有兽焉，其状如人而彘鬣，穴居而冬蛰，

其名曰猾褢，其音如斫木，见则县有大繇。

从柜山出来向东南走四百五十里就是长右山，再往东行三百四十里，就到了尧光山。这座山里的怪兽名叫猾褢，它身形似人，但全身上下长满了猪鬣。这怪物平日待在洞穴里，冬天还要冬眠，叫起来的声音像是砍木头，如果世间太平，天下有道，它便销声匿迹。一旦它出现，那就意味着这个地方将要有大事发生，这里的人都将要被派去服徭役。

蛊雕

水有兽焉，名曰蛊雕，

其状如雕而有角，其音如婴儿之音，是食人。

尧光山往东将近六千里的地方，有一座鹿吴山，山上寸草不生，然而
金玉矿石丰富。泽更水从这座山发源，然后向南流注入滂水。水中有一种
似鸟又非鸟的吃人怪兽，名叫蛊雕，它的样子像雕，但却长着角。可也有
人说，它其实长得是豹子的身体，头上顶着一只角，只不过长了鸟的嘴。
它像九尾狐一样，都是吃人的怪兽，而叫声却都似婴儿啼哭，惹人怜爱。
或许它们就是以此来引诱人类自投罗网，使人类白白成了它们的美餐。

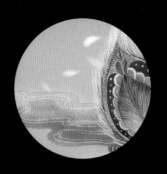

凤皇

有鸟焉，其状如鸡，五采而文，名曰凤皇，

首文曰德，翼文曰义，背文曰礼，膺文曰仁，腹文曰信。

是鸟也，饮食自然，自歌自舞，见则天下安宁。

凤皇，也作凤凰，羽族三百六十，凤凰为其长。它的样子像锦鸡，羽毛五彩斑斓：青首，为五行中的木；白颈，为金；后背赤红，为火；胸口墨黑，为水；两足黄色，为土。并且，这些羽毛上还都有花纹。头顶上的花纹是一"德"字，羽翼上的是"义"字，背上是"礼"字，胸部是"仁"字，腹部是个"信"字。仁、义、礼、信四种美德集于其身，这样的祥瑞一出现，必然天下太平。

凤
皇

颙（音余）

有鸟焉，其状如枭，人面四目而有耳，其名曰颙，

其鸣自号也，见则天下大旱。

丹穴山东行两千七百里，就到了令丘山。山上寸草不生却多山火。这里有一种叫颙的凶鸟，它的身形与传说中会吃掉自己母亲的恶鸟枭颇有几分相像，却有一张长着四只眼睛的人脸，还有人的耳朵，叫起来的声音"余、余、余"，像是呼喊自己的名字。只要它一出现，天下必然大旱。传说明朝万历二十年，这种鸟出现在豫章的城宁寺，身高有二尺多，果然这年从五月一直到七月都酷暑难当，整个夏天滴雨未降，庄稼颗粒无收。

白䓘 (音高)

有木焉，其状如榖而赤理，其汗如漆，其味如饴，

食者不饥，可以释劳，其名曰白䓘，可以血玉。

令丘山再往东三百七十里，是仑者山，山上有很多金、玉，山下多产青雘。有一种树，形状像构树而有着红色的花纹，分泌出的汁液像漆，味道像饴糖，人吃了它就不感到饥饿，还可以解除忧愁和疲劳，它名叫白䓘，可以用来把玉染成血色。

龙身人面神

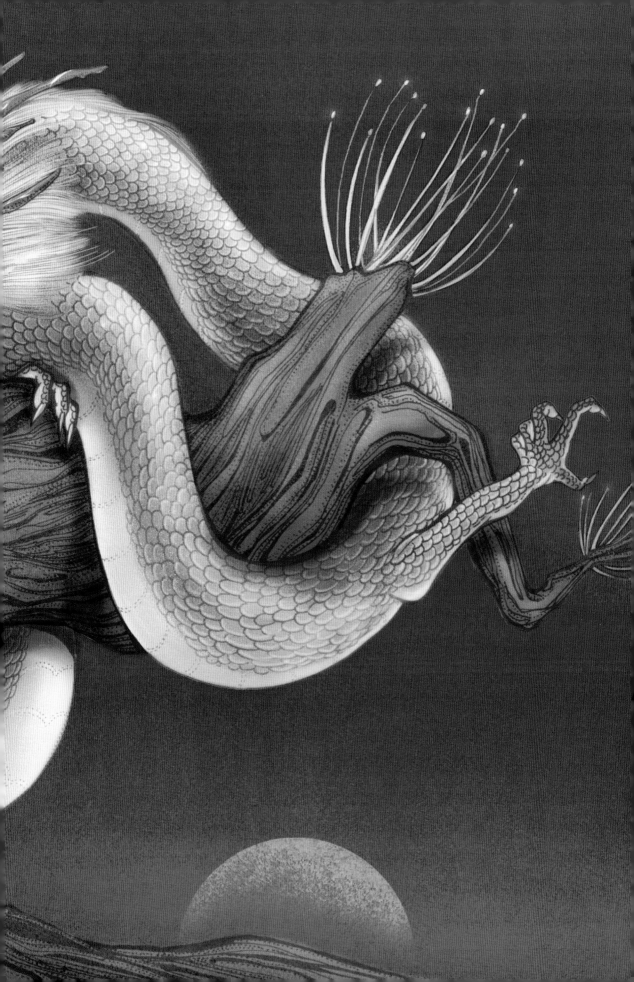

《西山经》共记述四条自东西的山脉，分别为西次一经、西次二经、西次三经和西次□经。各段的水系发达程度、□被覆盖程度和雨雪气候等均□差异，这里的神仙和神兽，□如鸾鸟、西王母、白帝少昊等□对后世影响深远。

肥𧊒 (音卫)

有蛇焉，名曰肥𧊒，六足四翼，见则天下大旱。

今天的西岳华山，上古之时名叫太华山，这里有一种怪蛇，名叫肥𧊒。蛇是没有脚的，它却长着六只脚，还有四只丰满的羽翼。只要这种蛇一出现，势必天下大旱。据说商汤时，这种怪蛇曾在阳山出现，结果连着大旱七年。前面说到的《南山经》里的颙，一出现便大旱三月，比起肥𧊒来，真是小巫见大巫。

葱聋

其兽多葱聋，其状如羊而赤鬣。

　　大概在今天陕西省华阴市西南，上古时有一座符禺山。这座山物产丰富，山南侧有铜矿，山北侧有铁矿。山上长着文茎树，吃了它的果子可以治耳聋；还有一种条草，红花黄果，吃了它可使人保持清醒。在这样一座神奇的山里，有一种野兽叫葱聋，它身形似羊，却生有红色的鬣毛，艳丽奇异，似乎是被这山间的条草染红的。

民鸟 (音民)

其鸟多鸥，其状如翠而赤喙，可以御火。

在这符禺山里还有一种名叫鸥的神鸟，它长得像翠鸟，但嘴巴通红。据说家里只要养了这种鸟，就可以避开火灾，永绝火患。这对于房屋以砖木结构为主的中国古人来说，确实是一种非常有用处的神鸟。

嚣

有兽焉，其状如禺而长臂，善投，其名曰嚣。

在今天陕西麟游县附近，有一座羭次山，漆水从这里发源。山北有赤
铜矿，山南则出产细腻的优质玉石婴恒玉。这里住着一种野兽，名字叫嚣。
样子长得像猿猴，胳膊很长，善于投掷。

谿边

有兽焉，其状如狗，名曰谿边，

席其皮者不蛊。

传说上古时期有一座名字十分霸气的山，名叫天帝山。天帝虽然不在这里，但此山也是草木茂盛，还长着一种马吃了可以跑得快、人吃了可以治肿瘤的神草——杜衡。奇兽谿边就住在这里，它的样子很像狗，会爬树。据说用它的皮毛做成褥子，睡在上面的人可以不被蛊毒邪气所侵。但这谿边实在难寻，连秦德公这堂堂一国之君都找不到它，只好在城门外杀了几只与它长得像的大狗，以此来抵御邪蛊。然而这个偷天换日的办法居然成功了，于是后来杀狗取血辟除不祥竟成了一种风俗流传下来，成为民间除鬼的利器。

獴（音英）如

有兽焉，其状如鹿而白尾，马足人手而四角，名曰獴如。

天帝山往西南走三百八十里就到了皋涂山，蔷水和涂水都从这里发源，山上多桂树，出产白银、黄金，还有可以用来入药和灭鼠的毒砂与櫄茇（音稿拔）。在这里有一种叫獴如的怪兽，它的外形像鹿，长着白色的尾巴，可它前面的两只脚是人的手，后面两只脚则是马的蹄，头上的角也比一般的鹿多出一对，一共长了四个角。

犛 (音敏)

又西百八十里，曰黄山，无草木，多竹箭。

盼水出焉，西流注于赤水，其中多玉。

有兽焉，其状如牛，而苍黑大目，其名曰犛。

皋涂山往西一百八十里就到了黄山，它与今天的黄山并无关联。这山没草没树但多竹，每日竹影婆娑。盼水从这里发源，向西流注入赤水，水中往往有美玉出现，泠然作响。这山里有一种长得像牛的野兽，它全身苍黑，身形较牛要小一些，可一双大眼睛浑圆明亮，它的名字叫犛。

鸾鸟

有鸟焉，其状如翟而五采文，名曰鸾鸟，见则天下安宁。

大概在今天陕西陇县以东，上古时有一座女床山，在山中密林深处住着和凤凰类似的神鸟——鸾鸟。它长得像山鸡，长着五彩的羽毛，声音如铜铃般清脆，而且叫声能够契合五音。它被看作是神灵之精，和凤凰一样都是难得的祥瑞，只要一出现便预示着天下安宁祥和。当初周公平定三监之乱，东征得胜还朝，制礼作乐完成，将要把国家大政归还给成王之时，便有鸾鸟从西方飞来镐京，"刑措四十余年而不用"的太平盛世"成康之治"自此开始。

文鳐鱼

是多文鳐鱼，状如鲤鱼，鱼身而鸟翼，苍文而白首赤喙，

常行西海，游于东海，以夜飞。

其音如鸾鸡，其味酸甘，食之已狂，见则天下大穰。

在今天甘肃某地，传说有一座泰器山，观水从这里发源，水中有一种半鱼半鸟的飞鱼名叫文鳐。它的样子像鲤鱼，但长着一对鸟的翅膀，白头，红嘴，身上还有苍色的斑纹，身长一尺有余，叫声像鸾鸡。白天待在西海，到了晚上就成群地飞往东海，然后再飞回来，就这样不知疲倦地往返于西海和东海之间。据汉代东方朔所言，它们有一些留在了东海南端的温湖里，由于不再飞来飞去，都长到了八尺。虽然文鳐鱼经常往来，但人们见它一次并不容易，一旦它主动示人，就预示着当年肯定大丰收。据说文鳐鱼的肉酸中带甜，《吕氏春秋》中曾盛赞其美味，它不但好吃，而且能治疗人的疯癫病。

英招 (音勺)

实惟帝之平圃，神英招司之，其状马身而人面，

虎文而鸟翼，徇于四海，其音如榴。

　　泰器山向西三百二十里，就到了槐江山。据说这里是天帝在人间的一座花园，由一个名叫英招的神仙在此管理。英招长着马的身子、人的面孔，身上有着老虎一样的花纹，还长有一对鸟的翅膀。虽说他是这块园圃的管理者，但并不一直待在这里，常常展翅高飞，巡游四海，估计是在传达天帝最新的指示。他的声音实在不好听，像是辘轳抽水一般。

土蝼

有兽焉，其状如羊而四角，名曰土蝼，是食人。

再向西南走四百里，就到了天帝在人间的别都昆仑山了。然而，就算是天帝的都邑也有怪兽，其中有一怪兽名叫土蝼。虽然名字里面有个"蝼"字，但它可不是蝼蚁一类的动物。这土蝼外形如羊，但比羊多长了一对角，并且比羊要凶残得多，不但吃人，而且但凡被它撞过的动物，都会当场死亡，无一幸免。

钦原

有鸟焉，其状如蜂，大如鸳鸯，名曰钦原，
蠚鸟兽则死，蠚木则枯。

　　和土蝼一起生活在昆仑山的，还有一种名叫钦原的毒鸟。它样子如同蜜蜂，但个头却有鸳鸯那么大。但凡被钦原蜇过的，鸟兽当下即死，草木瞬间枯萎。它似乎比土蝼还要技高一筹。昆仑山号称是天帝在人间的别都，却有如此多的凶恶怪禽，着实有些出人意料。

西山经

玉山

狡

有兽焉，其状如犬而豹文，其角如牛，其名曰狡，其音如吠犬，

见则其国大穰。

　　玉山上陪伴在西王母左右的，有一种吉兽，名字叫狡。它样子像一条大狗，却有一身的豹纹，还长着一对牛角，也有人说是羊角，叫起来声音洪亮威武，像是狗叫。只要这狡一出现，整个国家都会大丰收。对于中国这样一个古老的农业国来说，这无疑是最大的祥兽。

白帝少昊

其神白帝少昊居之。其兽皆文尾，其鸟皆文首。

是多文玉石。

玉山向西九百八十里，就到了长留山。传说西方之神白帝少昊居住在此。这座山里的野兽都生有花纹的尾巴，山里的飞鸟头部都长着花纹。长留山盛产带花纹的玉石。

帝江

有神焉，其状如黄囊，赤如丹火，六足四翼，浑敦无面目，
是识歌舞，实惟帝江也。

长留山西行一千五百四十里，便是天山，当然不是今天新疆的天山，
帝江就住在这里。帝江即浑敦，也作混沌。他虽然也是神，但没头没脸，
样子活像一个黄皮口袋，可颜色火红。在这口袋一样的身子上，长着六只
脚和四只翅膀。虽然帝江长相不美，但他能歌善舞，有可能还做过歌舞之
神。庄子曾讲过一个寓言：南帝叫儵，北帝叫忽，中央帝叫混沌。儵和忽
经常在混沌的地界相会，混沌把他们招待得很好，他们想回报，见混沌没
有七窍，便决定为他凿出来。结果一日凿一窍，七日凿完，混沌却死了。

讙 (音欢)

有兽焉，其状如狸，一目而三尾，名曰讙，

其音如夺①百声，是可以御凶，服之已瘅。

离开天山，西行三百九十里，就到了翼望山。这也是座无草木、多金玉的山。山中有一种奇兽，名叫讙，样子像野猫，只有一只眼睛，却有三条尾巴。据说它能模仿一百种动物的叫声，又有人传言它不过是每日"夺百、夺百"地叫着，到底如何已经说不清了。不过这讙确实是一种奇兽，不但可以御凶辟邪，而且，吃了它还能治愈黄疸病。

①此处据明成化吴宽钞本改。

羊身人面山神

凡西次三经之首，崇吾之山至于翼望之山，

凡二十三山，六千七百四十四里。其神状皆羊身人面。

其祠之礼，用一吉玉瘗，糈用稷米。

《西山经》里一共有四大山系，第三山系从崇吾山一直延绵到翼望山，共历经二十三座山，全程六千七百四十四里。这里的山神都是人脸羊身。祭祀他们的时候，要将一块有花纹的吉玉埋在地下，用的米必须是粳米。上古之时，若祭祀天神要将祭品烧掉，由阵阵烟雾将祭品送达天庭，而若是祭祀地神和山神，则将祭品埋入地下，这就意味着神灵们能收到祭品了。同理，祭祀水神则是把祭品扔进水里。

神槐（音赤）

是多神槐，其状人面兽身，一足一手，其音如钦。

　　大概在今天甘肃天水西南，上古时有一座刚山，刚山上有一种精怪，名叫神槐。有人错把它当作刚山的山神，其实不然，它只是一种精怪，如果说它是神兽也不为错。神槐长着人的脸，但头下却是野兽的身体。它只有一只手一只脚，发出的声音像是人的呻吟与叹息，或许是在为自己这残缺的身躯而慨叹。有人说，有它们在的地方就不会下雨，或许这是老天对它们的一点点补偿吧。

駮（音驳）

有兽焉，其状如马而白身黑尾，一角，虎牙爪，音如鼓音，
其名曰駮，是食虎豹，可以御兵。

刚山西去八百五十里是中曲山。有一种吉兽，名叫駮，形似骏马，身子雪白，尾巴墨黑，头上有一只角，牙齿和爪子都和老虎一样，叫起来声音就像打鼓。駮作为吉兽，可以为主人抵御刀兵之灾，虽然它样子像马却以虎豹为食，如果在深山密林里骑着駮，虎豹都不敢近身。相传齐桓公一次出去打猎，迎面来了一只老虎，结果老虎非但没有扑上来，反而趴卧在地。齐桓公十分奇怪，便问管仲，管仲告诉他这是因为他骑的不是普通的马而是駮，老虎自然不敢上前。直到宋代，还有它出现的记载。

鳖鮭 (音如皮) 之鱼

滥水出于其西，西流注于汉水，多鳖鮭之鱼，其状如覆铫，

鸟首而鱼翼鱼尾，音如磬石之声，是生珠玉。

中曲山西行四百八十里就是鸟鼠同穴山，滥水发源于其西，水中有一种怪鱼名叫鳖鮭。它不但半鱼半鸟，而且还有着珍珠蚌的功能。它的样子像一个倒过来的沙铫，有鱼鳍和鱼尾，却有一个鸟儿般灵巧的脑袋，叫起来的声音像敲击磬石，低沉而又神秘动人。更为神奇的是，它的体内居然能够孕育珍珠，但它并不将这些珍珠积攒起来，而是顺其自然地从体内排了出去。

《北山经》记述三条自南向北的山脉，分别是北次一经、北次二经和北次三经。当时这块平原或被海水淹没，或有许多大湖泊及大面积的沼泽、湿地。这里有很多适合湿地的鱼、蛇等神兽，精卫填海的神奇故事就发生在这里。

何罗鱼

谯水出焉，西流注于河。
其中多何罗之鱼，一首而十身，
其音如吠犬，食之已痈。

大概在今天内蒙古卓资山境内，上古时有一座谯明山，谯水从这里发源，向西注入黄河。这水中有一种怪鱼，名叫何罗鱼。一个脑袋下面居然有十个身子，而且还会叫，叫声如狗吠。人如果吃了它，可以治疗痈肿病；如果舍不得吃，把它养起来，还可以防御火灾。《逍遥游》里的北冥之鱼鲲可以化为大鹏鸟，这何罗鱼也能变身为鸟，名叫休旧。它最爱偷别人白里舂好的米，不过这休旧鸟特别害怕打雷，一听到雷声便四处躲藏。

孟槐

有兽焉，其状如狟而赤豪，
其音如榴榴，名曰孟槐，可以御凶。

　　同是在谯明山，水中有神奇的何罗鱼，山上还有一种奇兽名叫孟槐，也可以写作猛槐。长得像豪猪，却长着赤红色的软毛。虽然它长得如此高大威猛，但叫声如同用辘轳抽水的响声，又像偎依在身边的猫在叫。然而可别小看它，这孟槐可以御邪辟凶，十分灵验。后来人们没见到真正的孟槐，便按它的样子画好悬挂在家里，据说也可以抵挡邪祟。

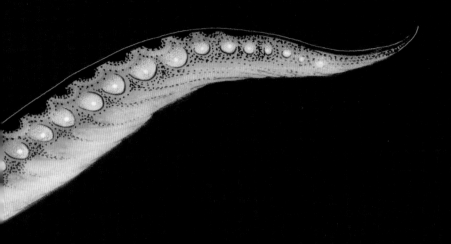

耳鼠

有兽焉，其状如鼠，而菟首麋身，
其音如獆犬，以其尾飞，名曰耳鼠，
食之不睬，又可以御百毒。

涿光山往北三百八十里，是一座南北走向连亘长达四百里的大山，名
叫虢山。从虢山的最北端出来，再走二百里，就是丹熏山。这里的奇兽名
叫耳鼠，样子像老鼠，但却长着兔子的脑袋和麋鹿的身子，叫起来又像狗
叫，依靠尾巴就能够在天空飞翔。吃了它，不但可以治疗腹部的肿胀，而
且还能抵御百毒的侵袭，又能让人不做噩梦。从现代医学的角度来看，它
还真是一种集治病、防疫、心理康复三种功效于一身的难得奇兽。

鳛鳛 (音习) 鱼

嚣水出焉，而西流注于河。

其中多鳛鳛之鱼，其状如鹊而十翼，

鳞皆在羽端，其音如鹊，

可以御火，食之不瘅。

谯明山往北三百五十里就到了涿光山，嚣水在此发源，鳛鳛鱼便遨游于这波光之中。这种鱼的尾部是鱼的样子，但却生着鹊鸟身体，而且还长了五对翅膀，翅膀的一端长有鳞片。它发出的声音和喜鹊的叫声差不多。或许它是因为身上积攒了许多"水气"，这"水气"乃是五行中的水之气，水克火，故可以防御火患。人吃了它可以治黄疸病。

幽鴳 (音燕)

有兽焉，其状如禺而文身，

善笑，见人则卧，名曰幽鴳，其鸣自呼。

　　在丹熏山北边三百九十里的地方，有一座边春山，山里有许多野生的蔬菜水果，像野葱、山桃之类。这里住着一种很好玩的怪兽，名叫幽鴳。它长得像猕猴，全身上下却布满了花纹，整天叫喊着自己的名字，而且特别喜欢笑，还喜欢跟人耍小聪明，一见到人不是卧倒，就是装睡，可是好像从来没有人上过它的当。

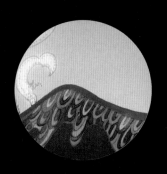

诸犍

有兽焉，其状如豹而长尾，人首而牛耳，

一目，名曰诸犍，善吒，

行则衔其尾，居则蟠其尾

　　单张山是一座距离边春山三百八十里的奇山，山上有一种怪兽名叫诸犍。它长着人的脑袋，生有一双牛的耳朵，眼睛只有一只，身躯是豹子的身体，身后还有一条特别长的尾巴。这尾巴长到什么程度？据说比它的身子还要长，以至于诸犍平日走路的时候，必须把这条长尾巴叼在嘴里，不走动的时候，就要盘在身边。

长蛇

有蛇名曰长蛇，其毛如彘豪，
其音如鼓柝。

大咸山寸草不生，但山下出产玉石。这座山形状四四方方。就在这座
神秘的荒山里有一种名叫长蛇的怪蛇，它的确很长，至少有八百尺，而且
身上还长有像猪鬃一样的毛。这种蛇叫起来，不像一般蛇发出的是"嘶嘶"
之声，更像是过去更夫在夜色朦胧中敲击木梆发出的声音。据说在豫章有
一种它的同类，身长有一千多丈，远比这蛇要长得多。

窫窳 (音亚雨)

有兽焉，其状如牛，而赤身、人面、马足，

名曰窫窳，其音如婴儿，是食人。

大咸山往北，隔一座敦薨（音轰）山就是少咸山，这
山里也有一种吃人的怪物，那就是住在这里的窫窳，它长
着人的脸，牛的身子，马的蹄子，全身赤红，叫起来像婴
儿啼哭。传说它原本是一个天神，人面蛇身，但后来却被
另一个叫贰负的神杀死了。不过它死有不甘，最后变成了
一个吃人的野兽。

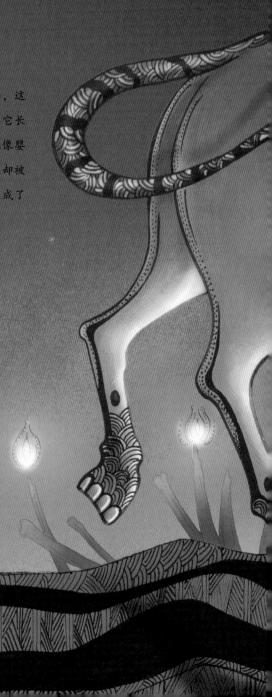

鲐 (音义) 鱼

诸怀之水出焉，而西流注于嚣水，

其中多鲐鱼，鱼身而犬首，

其音如婴儿，食之已狂。

在今天内蒙古四王子旗边上，传说上古时有一座北岳山。诸怀之水从这里发源，向西流注于嚣水，水中出产一种似狗又似鱼的怪鱼，名叫鲐鱼。它长着鱼的身子和尾巴，却长了一颗狗脑袋，叫起来的声音也像是婴儿的啼哭，吃了它的肉可以治惊风癫狂之病。

肥遗

有蛇一首两身，名曰肥遗，

见则其国大旱。

从北岳山出来，沿山路往北走一百八十里，就到了浑夕山。这山上有一种怪蛇，名叫肥遗，它与《西山经》中记载的太华山里的怪兽肥螈的名字很相似。但样子完全不同，这里的肥遗，长相像蛇，但脑袋下面却有两个身子。只要它一出现，天下就会大旱，从这点上来说，倒是和太华山里的那个肥螈一样，或许这两个怪物本来便是一家，也未可知。

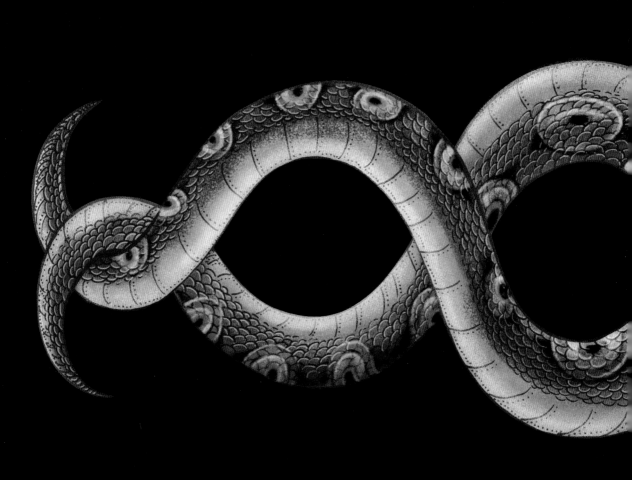

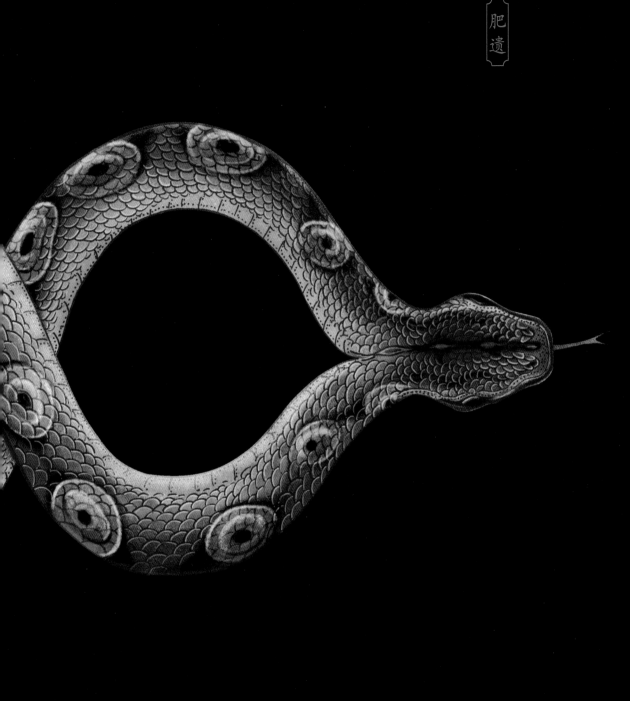

狍 鸮 (音消)

有兽焉，其状如羊身人面，其目在腋下，

虎齿人爪，其音如婴儿，

名曰狍鸮，是食人。

大概在今天山西朔州的南部，上古时有一座钩吾山。山上有一种怪兽，长有人的面孔，羊的身体，可眼睛却长在腋下，牙齿像老虎，爪子像人手，叫起来像婴儿的啼哭，和大多数叫声像婴儿哭叫的怪兽一样，它也吃人。有趣的是，它不但吃人，而且还很贪吃，吃着吃着就把自己的身体也吃进去了，而它的名字，叫作狍鸮。这习性是否有些耳熟？是的，狍鸮还有一个更广为人知的名字，叫作饕餮（音涛帖，"帖"读四声）。

独狢 (音玉)

有兽焉，其状如虎，而白身犬首，

马尾彘鬣，名曰独狢。

钩吾山往北三百里，就到了北嚻山。这是一座土山，没有石头，但却
出产美玉。住在这座山里的怪兽名叫独狢。它外形似虎，颇有王者风范，
但身子是白色的，而且长着狗的头、马的尾巴和猪一样的鬣毛。

囂 (音敖)

有鸟焉，其状如夸父，四翼、一目、犬尾，

名曰囂，其音如鹊，

食之已腹痛，可以止衕。

北嚻山往北三百五十里，是一座只产黄金美玉的梁渠山。这里有一种怪鸟，名叫囂。它的样子像一种名叫"夸父"的猿猴，长着两对翅膀和狗的尾巴，只有一只眼睛，而且是长在脸的正中间。虽然长得怪，但叫声悦耳动听，如同鹊鸟。吃了这怪鸟的肉，不但可以治疗腹痛，还可以止腹泻。

三桑树

又北水行五百里，流沙三百里，至于洹山，

其上多金玉。

三桑生之，其树皆无枝，其高百仞。

梁渠山往北七百八十里，再往北沿水路行五百里，经过三百里流沙，到了洹山，山上多产金、玉。三桑树长在这里，这种树都不长枝叶，高达百仞。

人鱼

决决之水出焉，而东流注于河。

其中多人鱼，其状如䱱鱼，四足，其音如婴儿，食之无痴疾。

　　大概在现今太行山东北一带，上古时有一座龙侯山，这也是一座不长草木但却盛产黄金玉石的山。决决水从这里发源，向东注入黄河。而这决决水里，多有人鱼。它的样子像一条有四只脚的大鲵鱼，叫起来声音像婴儿的啼哭。这人鱼样子虽不美，它的肉却极有用处，吃了之后可以治疗痴呆。

天马

有兽焉，其状如白犬而黑头，见人则飞，

其名曰天马，其鸣自讪。

龙侯山东北大约二百里，有一座马成山，这里有一种神兽，样子如一条白狗，但头是黑色的，名字叫天马。它的叫声像是在呼唤自己，但不知是胆小怕羞还是什么原因，它一见到人就要逃走。不过它倒是一种吉兽，一旦出现，那就意味着该年要大丰收了。

䗺 (音动) 䗺

有兽焉，其状如羊，一角一目，目在耳后，

其名曰䗺䗺，其鸣自讪。

在今山西繁峙县的东北，有一座泰戏山，这山里有一种名叫䗺䗺的神兽，样子长得像羊，但角和眼睛都只有一只，而且那眼睛还长在耳朵的后面。它每天"动－动－动"地叫，因此名为䗺䗺。据说，只要䗺䗺一出现，当年就会丰收，它是一种难得的瑞兽。然而，也有人认为它是个凶兽，它一出现，宫中就要出事。

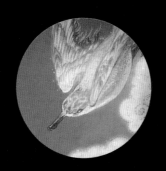

精卫

有鸟焉，其状如乌，文首、白喙、赤足，

名曰精卫，其鸣自詨。

是炎帝之少女名曰女娃，女娃游于东海，

溺而不返，故为精卫。

常衔西山之木石，以堙于东海。

　　发鸠山上有一种鸟，样子像乌鸦，但长着花脑袋、白嘴、红爪子，这就是人所共知的精卫。它发出的声音像是呼喊自己名字。精卫原本是炎帝的小女儿，名叫女娃。女娃到东海游玩时不慎溺水淹死，于是就变成了精卫鸟，它常常衔着西山的树枝和石子来填塞东海。夫子著《春秋》而乱臣贼子惧，正在于这部书里高举的那些悬日月而不刊的大义，"大复仇"正是其中之一。当世间的礼制、法律、政治、伦理、道德等一切都不能给人以公正的时候，那就强调人性自然的公正。因而，在"大复仇"精神的影响之下，先秦时期得以造就一大群勇于任事、珍视荣誉与责任、重然若、轻死生、大节与日争的君子。正是他们，使得这片土地上的人性光辉从未黯淡。也正是在这样的社会氛围之中，才会有精卫为报大仇衔石填海的故事出现。可以说，化成精卫的不是女娃的精魂，而是那些君子们身上"沛乎塞苍冥"的浩然之气。

獂 (音原)

有兽焉，其状如牛而三足，其名曰獂，

其鸣自诙。

　　大概在今伊祁山北边四百里，上古时有一座乾山，这里也有一种异兽，名字叫獂，样子像一头牛，但少了一只脚，这是它最主要的特征。叫起来的声音是"原、原、原"，就好似在呼唤自己的名字一样。不知它这样，是不是在彰显自己的存在。

马身人面神

凡北次三经之首，自太行之山以至于无逢之山，

凡四十六山，万二千三百五十里。

其神状皆马身而人面者廿神。

其祠之，皆用一藻茝，瘗之。

《北山经》一共有三大山系，第三山系从太行山绵延到无逢山，共有四十六座山，行程一万二千三百五十里。其中有二十座山的山神是长着马的身体和人的面孔，祭祀他们的时候，都要把用作祭品的藻和茝之类的香草埋在地下。

狪 (音同) 狪

有兽焉，其状如豚而有珠，名曰狪狪，

其鸣自訆。

狪狪是上古时期生活在泰山中的一种异兽，它的样子和猪差不多，叫声像是在喊自己的名字。然而，这狪狪的体内却可以孕育出珍珠！一兽而能产珍珠，是它最与众不同之处，因而，它又被叫作珠豚。

珠蟞 (音憋) 鱼

澧水出焉，东流注于余泽，其中多珠蟞鱼，

其状如肺而有目，六足有珠，

其味酸甘，食之无疠。

葛山的首端，澧水从此发源，向东流注入余泽。澧水清澈幽深，水中多有一种怪鱼，名叫珠蟞。它的样子像一只浮在水里的肺，但却又长着两双眼睛和六只脚，而且能够在体内孕育珍珠，并吐出来。它的肉吃起来酸中带甜，被吕不韦认为是鱼中美味，而且吃过之后不会被时气侵蚀而生病，可以预防瘟疫。

犰狳 (音求余)

有兽焉，其状如菟而鸟喙，鸱目蛇尾，

见人则眠，名曰犰狳，

其鸣自讧，见则螽蝗为败。

葛山之首往南三百八十里，是余峨山，山上多梓木、楠木，山下多荆棘、枸杞。山中有一种凶兽，名叫犰狳，外形像是兔子，但却长着鸟的嘴、猫头鹰的眼睛和蛇的尾巴，一见到人就假睡装死，叫起来的声音像在呼唤自己。凡是它出现的地方必定蝗虫遍野，颗粒无收，最终田园荒芜。

朱獳

有兽焉，其状如狐而鱼翼，

其名曰朱獳，其鸣自训，

见则其国有恐。

余峨山再往南六百里，就到了耿山，这山上也有一种奇怪的凶兽，名叫朱獳。它长着狐狸的外形，背上却长有鱼鳍，叫声也像是在喊自己的名字，似乎是在提醒人们："我要出来了，你们小心啊！"只要它一出现，国内就会出现大的动荡，在短期内社会、政治、经济会陷入波动与不稳定中。

鲐 (音革) 鲐之鱼

有鱼焉，其状如鲤，而六足鸟尾，

名曰鲐鲐之鱼，其鸣自讪。

　　大概在今天山东荣成一带，当时有一座跂踵山，这山里有一个方圆四十里的大泽，名叫深泽。泽中生有一种鱼，名叫鲐鲐，它形似常见的鲤鱼，却又有着一条鸟的尾巴，还长了六只脚，可以潜到很深的水里去。它平时叫起来的声音也像是在喊自己的名字，但好在它并不会带来什么凶兆灾祸。它还有一大奇异之处，就是作为一条鱼，它居然是胎生而不是卵生。

猲狙 (音格但)

有兽焉，其状如狼，赤首鼠目，

其音如豚，名曰猲狙，是食人。

北号山靠近北海，食水从这里发源，向东北流入大海。由于靠近浩瀚的大海，这座山里物种丰富。既有奇木、神鸟，还有怪兽。而这猲狙就是山里的怪兽。它的样子像狼，但头却是红色的，还长了一双老鼠的眼睛，叫起来的声音像猪叫。这猲狙也是食人的猛兽。

薄鱼

石膏水出焉，而西注于㶒水，其中多薄鱼，

其状如鳣鱼而一目，其音如欧，

见则天下大旱。

石膏水从女烝山发源，向西流注于㶒水之中。这石膏水中，有一种鱼名叫薄鱼，是一种凶鱼，它的样子像是鳣鱼，但却只有一只眼睛，叫起来的声音十分难听，像是人在痛苦地呕吐。只要它一出现，有的人说就会天下大旱，有的人说是要发大水，还有人说会有人起兵谋反，横竖逃不过凶兆。

合㺎 (音雨)

有兽焉，其状如彘而人面，黄身而赤尾，

其名曰合㺎，其音如婴儿。

是兽也，食人亦食虫蛇。见则天下大水。

大概今天山东沂山西边二百里左右，有一座剡（音扇）山，山中有一种吃人的凶兽名叫合㺎。这怪物长着人的面孔，却有着猪的身体，身体是黄色的，尾巴通红，艳丽无比，叫起来的声音像是婴儿啼哭。这合㺎不但吃虫蛇，也吃人。而且只要它一出现，当年必将洪水泛滥。

现作版本的《中山经》共
十二条山版，是《五藏山经
记述山脉最多的区域，但
其编号与其所在的地理方
顺序所能不一致。这种情
《北藏山经》其他末南西
小区域里是不存在的，难
当忻《中山经》十二条
的记述方向也应当是一致
所绕一大自西向东记述，
出现过龙首人身的计蒙怪
光而行的神乡山，衷无了
青系游蛇地。

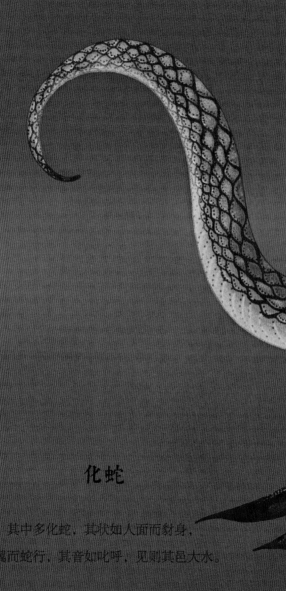

化蛇

其中多化蛇，其状如人面而豺身，
鸟翼而蛇行，其音如叱呼，见则其邑大水。

阳山多沙石，无草木生长。山中有一种怪蛇叫化蛇，它长着人的面孔，
上半身像豺狼，而下半身则是蛇的样子，而且还长着一对翅膀，但平日里
走路则是像蛇一样地爬行，叫起来像是在叱咤呼喊，好似人在大声呵斥。
只要它一出现，当地就会发生大水灾。

夫诸

有兽焉，其状如白鹿而四角，

名曰夫诸，见则其邑大水。

　　大约在今天河南巩义市北，上古时有一座敖岸山，这里是熏池神居住
的地方。山中有一种怪兽，名叫夫诸，样子像是头白鹿，但却长了四个角。
据说只要它一出现，同样是预示着重大的水灾要到来。历史上河南水灾频
发，或许与夫诸的存在不无关系。

武罗神

又东十里，曰青要之山，实惟帝之密都。

北望河曲，是多驾鸟。南望埠（音善）渚，

禹父之所化，是多仆累、蒲卢。

魈（音神）武罗司之，其状人面而豹文，

小要而白齿，而穿耳以镱（音渠），

其鸣如鸣玉。

　　敖岸山再往东十里，是青要山，是天帝的密都。向北可以望见河曲，那里有许多驾鸟。向南可以望见埠渚，那里是大禹的父亲治理的地方，这里有很多蜗牛、蒲卢。武罗神掌管着这里，它的形貌是人的面孔、豹子的花纹、细小的腰身、洁白的牙齿，耳朵上穿着环，声音像敲打玉石的声音。

武罗神

荀草

有草焉，其状如葽，而方茎、黄华、赤实，

其本如藳（音搞）本，名曰荀草，

服之美人色。

青要山上有一种草，它的形状像葽，方形的茎干、黄色的花、红色的果，根部像藳本，名叫荀草，人吃了它可以变得美丽漂亮。

吉神泰逢

吉神泰逢司之，其状如人而虎尾，

是好居于贫山之阳，出入有光。

泰逢神动天地气也。

在今天河南孟津县境内，有一座和山，山势回环曲折，曲回五重，而且是黄河九水汇聚之处。许多水流经由此汇聚，再从此山流出，最后北流注入于黄河中。泰逢神负责在此管理，他样子像人，生有虎尾，喜欢住在贫山南面向阳的地方。他出入伴有闪光，而且可以兴风布云，招雷降雨。据说有一次，他突然掀起一阵狂风，一时之间天地晦暝，正在打猎的夏朝君王孔甲因此迷了路。

獭 (音斜)

有兽焉，名曰獭，

其状如獳犬而有鳞，其毛如彘鬣。

在今天河南嵩县境内，有一座厘山，山南面多产玉石，山北面多产茜草。这里有一种名叫獭的奇兽，样子像是多毛的獳犬，但却又长了一身的鳞片，鳞片之间空隙处长出来的毛像是猪的鬣毛。

骄虫

有神焉，其状如人而二首，名曰骄虫，

是为螫虫，实惟蜂蜜之庐，其祠之，

用一雄鸡，禳而勿杀。

平逢山，寸草不生，山中多砂石。这里住着一位叫骄虫的神，他的样子像是人，但却长了两个脑袋。他是所有螫（音式）虫的首领，因此这平逢山也就成了蜜蜂聚集的地方。祭祀他的时候用一只大公鸡，祈祷他不要让手下那帮螫虫再出来伤人了。祈祷完以后把大公鸡放了，并不去杀它，在祭祀中这算是比较特殊的一种方式。

鸰鹩 (音铃腰)

其中有鸟焉，状如山鸡而长尾，

赤如丹火而青喙，名曰鸰鹩，

其鸣自呼，服之不眯。

　　平逢山往西再走二十里，就到了瑰（音归）山，这里有一种怪鸟，名叫鸰鹩，样子像是山鸡，但却有着一条十分长的尾巴，全身红若丹枫，唯独嘴却是青色的，万红之中一点青，格外好看，它的叫声也像是在呼唤自己的名字。据说人吃了它的肉，就可以不做噩梦，也可以辟邪辟妖。在古人看来，噩梦很大程度上也是邪祟或邪气对人的侵扰造成的，因而这两种作用实际上是互通的。

蓍(音尧)草

帝女死焉，其名曰女尸，化为蓍草，
其叶胥成，其华黄，其实如菟丘，
服之媚于人。

天帝的女儿死在姑媱山，她名叫女尸，化成了蓍草，叶子相互重叠
交错，它的花是黄的，它的果实像菟丝，人吃了它可以变得妩媚，被人
喜爱。

文文

有兽焉，其状如蜂，枝尾而反舌，

善呼，其名曰文文。

姑媱山再往东九十九里，是放皋山。明水从这里发源，向南流入伊水，其中多产苍玉。山中有一种野兽，它的形状像蜜蜂，分叉的尾巴，倒着的舌头，喜欢呼叫，它名叫文文。

三足龟

其阳狂水出焉，西南流注于伊水，
其中多三足龟，食者无大疾，
可以已肿。

狂水自大苦（音苦）山的南面发源，向西南流注入了伊水，这里面有不少三足龟。吃了它们的肉就能使人不生大病，还能消除痈肿。当时人吃了其他地方的三足龟基本都丢了性命，然而，唯独吃了这里的三足龟以后不但不会危及性命，而且还可以消肿、辟时疫，可称得上是三足龟中的异数了。

蟲（音鸵）围

神蟲围处之，其状如人面。羊角虎爪，

恒游于雎、漳之渊，出入有光。

蟲围神长年住在骄山上。他外形似人，但却长着一对虎爪，一对羊角。这蟲围神的形象和《中次八经》里面山神"皆鸟身而人面"相差颇大，可能他只是住在这里。平日里蟲围喜欢去雎水和漳水的深渊里玩，他的出入往返有神光环绕。

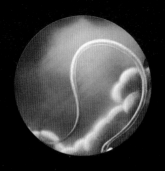

计蒙

神计蒙处之，其状人身而龙首，

恒游于漳渊，出入必有飘风暴雨。

光山似乎就是今天河南光山县西北八十里的弋阳山，上古时计蒙神住在这里。他长着人的身体、龙的脑袋，喜欢去漳渊游玩，而每次所出入的地方，必然伴随有狂风暴雨。正是所谓"龙来带风云，好雨随龙起"。

計蒙

跂踵(音种)

有鸟焉，其状如鸮，而一足彘尾，

其名曰跂踵，见则其国大疫。

不知复州山在哪里，大概在今天南阳附近的区域里。这里出产檀木和黄金，还有一种奇鸟，名叫跂踵。它长得像猫头鹰，但只有一只爪子，屁股后面还长了一条猪尾巴，不知它是否还能轻盈飞动。这也是一种预告灾祸的奇禽，只要它一出现，就会有全国性瘟疫爆发。

婴勺

有鸟焉，其名曰婴勺，其状如鹊，

赤目、赤喙、白身，其尾若勺，

其鸣自呼。

支离山大致在今天河南省的南部，婴勺这种怪鸟就生长在这里。它形似鹊鸟，红眼睛、红嘴巴，身子雪白。足以令人称奇的是它的尾巴像一个勺子，后人据此得到灵感，制作了可以在酒面上旋转的鹊尾勺。

狙如

有兽焉，其状如猷鼠，白耳白喙，

名曰狙如，见则其国有大兵。

倚帝山也位于今天河南省。这里有一种凶兽，名叫狙如。它与那有些像兔子的猷鼠有些相像，不过狙如与之不同的是，它的耳朵和嘴都是白色的。只要狙如出现，那里就会有兵乱甚至战争。

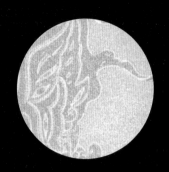

帝之二女

帝之二女居之，是常游于江渊。澧沅之风，
交潇湘之渊，是在九江之间，
出入必以飘风暴雨。

　　洞庭山就是今天的君山，位于洞庭湖北岸。帝的两个女儿居住在这座山上，经常在长江中畅游。从澧水和沅水吹来的清风，在潇湘之水交会，这里是九条江水汇合处，她们出入时必会伴有狂风暴雨。帝之二女就是唐尧帝的女儿娥皇和女英，她们姐妹二人同时嫁给了虞舜帝，后来舜帝南巡，在苍梧病逝，葬于九嶷山。她们便追随亡夫的足迹来到沅、湘之地，在湘江之滨遥望九嶷山，点点珠泪落于竹上，成为永不消退的斑点，即成湘妃竹。最后两人双双殒于湘水之中，也许是这坚贞的爱情感动天地，舜帝与二妃遂化为湘水之神，也就是屈原《九歌》里面所歌咏的湘君与湘夫人。现在，与丈夫一同获得永生的二女常逍遥于湘江的渊潭里，从澧水和沅水吹来的熏风交汇于潇湘的渊渚。伴随着她们每一次的出入，都会有狂风暴雨。风雨中的美人，从此不再忧伤。

神于儿

神于儿居之，其状人身而手操两蛇，

常游于江渊，出入有光。

    湖南一带有一座夫夫山，有一位叫于儿的神住在这里。他长相似人，不过身上缠着两条蛇，也有人说是手里拿着两条蛇而不是缠在身上。和前面几位神一样，他也喜欢出游，一般去江渊游玩，出入之间也有神光伴随左右。和前几位神不同，他外形上与凡人完全相同，不同的只是身边多了两条蛇，而这两条蛇或许就是他沟通神、凡两界的法器。

海经

《海外四经》依次记述周
家或族群的情况，关注的
那些国家的人口、物产、
人们的服饰特点和特殊习
具有旅游者猎奇或博闻者
的性质。
其中，《海外南经》诸景
南向东排列，其首端的结
与《海外西经》的灭蒙鸟相
比翼鸟、祝融在这里被记述

比翼鸟

比翼鸟在其东，其为鸟青、赤，两鸟比翼。

一曰在南山东。

　　"在天愿作比翼鸟，在地愿为连理枝"中的比翼鸟最早就出现在这里。有人说《西次三经》中的"蛮蛮"鸟就是比翼鸟，从描述来看大致是可信的。比翼鸟虽然听上去很浪漫，但实际样子并不美丽。它的颜色青红相间，样子有点像野鸭，只有一只眼、一只翅膀，必须两只鸟并在一起才能飞翔。原本只是生存的必然，并无关乎爱情，然而这并不妨碍人们赋予它们这样的象征。或许，许多美丽的意象只是人类一厢情愿的误解，就如同这比翼鸟一样，但这又有何妨呢？

羽人

羽民国在其东南，其为人长头，身生羽。

一曰在比翼鸟东南，其为人长颊。

羽民国在《淮南子》和《博物志》里面都有记载，而且《博物志》说它距离九嶷山有四万三千里。这里的人，脑袋和脸都很长，红眼睛，白头发，长着鸟一样的喙，身上长满羽毛，背上有一对翅膀，而且连繁殖方式都和鸟类一样靠的是卵生。虽然他们很像是鸟，而且也能飞，但飞不远。靠食用鸾鸟的蛋为生。

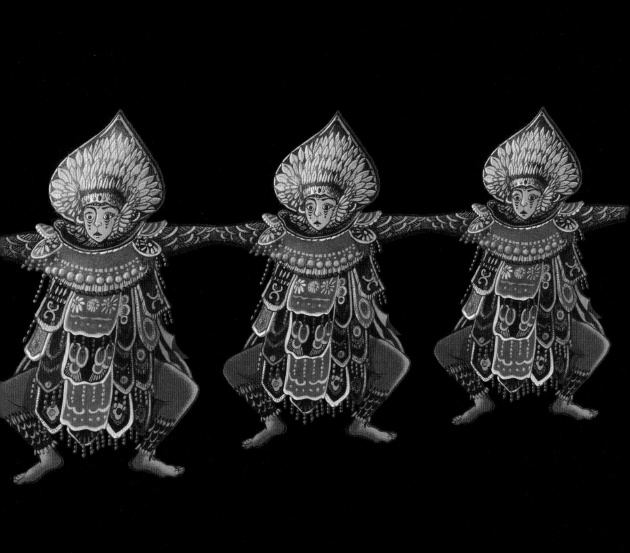

二八神

有神人二八，连臂，为帝司夜于此野。

在羽民东。其为人小颊赤肩。

尽十六人。

在羽民国的东边，有十六个胳膊相连的神人，他们小脸颊，红肩膀，
在荒野里为天帝（黄帝）守夜，白天消失不见。后来的夜游神很有可能就
发源于此。

讙（音欢）国人

讙头国在其南，其为人人面有翼，

鸟喙，方捕鱼。

　　讙头国的来历颇为难晓，有的说他是尧舜时期"四凶"之一的驩兜被放逐后，自投南海而死，舜帝有些可怜他，便封其子为南海附近的一个诸侯，方便他祭祀父亲，于是便有了讙头国。另一种说法是自投南海而死的是尧的儿子丹朱，丹朱不满尧将天子之位让给舜，便联合三苗起兵反叛，被镇压后投海而死，魂魄化为《南山经》中说的鴸鸟，他的儿子则被封在南海的讙朱国，而这讙朱国就是讙头国。也有说讙头、讙朱、驩兜都是丹朱的异名或是音转的。而这讙头国的人，都长着鸟的喙和翅膀，不过脸却还是人的样子。不过他们的翅膀却无法飞行，而是像拐杖一样，每天扶着它走路，靠捕食海里的鱼虾为生。

厌火国

厌火国在其国南，其为人兽身黑色。

生火出其口中。一曰在谨朱东。

　　厌火国有的说在谨头国也就是谨朱国的南边，也有的说是在东边。这里的人样子像野兽，黑皮肤，以吃火炭为生，因而能够口吐火焰，在《博物志》中也被叫作厌光国。

三珠树

三珠树在厌火北，生赤水上，

其为树如柏，叶皆为珠。

一曰其为树若彗。

　　三珠树，在厌火国的北边，生长在赤水岸边上。树的样子像是柏树，
但树叶全都是珍珠，远远望去整株树好似一颗彗星。传说当年黄帝曾游
赤水的北边，登昆仑山，而返回时不慎将玄珠丢失在这附近，先后派了
四个人去寻找，最终才找回。这三珠树，或许就是当年遗失的玄珠生长
出来的。

贯匈国

贯匈国在其东，其为人匈有窍。

　　贯匈国是比较著名的海外方国之一，在《淮南子》中被称作"穿胸民"。这里的人胸前都有一个大洞。据说当年大禹会诸侯于阳城，防风氏迟到了，大禹一怒之下将其杀死。但这并没有影响大禹的声望与德行，相反，天上有两条龙归顺大禹。大禹便命这两条龙为其驾车，由范氏来驾驭它们。后来大禹坐着龙车巡游四方，经过南方防风氏旧址，防风氏后裔看见大禹来了，不由得想起血海深仇，张弓搭箭怒射之。不料，恰在此时天雷大作，两条龙竟驾车飞腾而去。防风氏的后裔知道闯下弥天大祸，便用利刃刺穿自己胸膛而死。大禹感念他们的一片忠孝之心，命人用不死草塞进他们胸前洞中，使他们死而复生，这些人就是贯匈国的始祖。在贯匈国，有地位的人既不乘车也不坐轿，而是赤裸上身，让人用竹竿或木棍穿过他胸前的洞，这样抬着走。

交胫国

交胫国在其东，其为人交胫。

一曰在穿匈东。

交胫国在贯匈国的东边。这里的人足骨无节，身上有毛，两腿弯曲而相互交叉，一旦躺下，除非有人搀扶，否则依靠自己的力量是起不来的。而另有版本则写作"交颈"的，说是并非是两条腿相交叉，而是走路的时候，两个人的脖子交叉在一起。

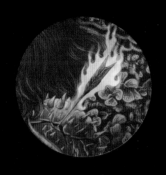

后羿斩凿齿

羿与凿齿战于寿华之野，羿射杀之。

在昆仑虚东。羿持弓矢，凿齿持盾。

一曰持戈。

　　羿，即后羿。羿是上古的一个英雄式的天神，帝俊赐给他彤弓素矰（一种拴丝绳的箭），命他去辅助下方的国家，解救生民的种种苦难。当时的人们，不但遭受着我们现在所熟知的十日之苦，而且大风、九婴、凿齿、修蛇等怪物皆毒害百姓。这凿齿有人说是人，有人说是兽，牙齿像凿子，手拿戈或者盾，与羿在昆仑山东边寿华的原野上决战，结果大败，被羿射死。

后羿斩凿齿

祝融

南方祝融，兽身人面，乘两龙。

　　南方火神祝融，长着人的脸、野兽的身子，出入时驾着两条龙。他也是司掌夏季的季节神和六月的值月神。他是炎帝的僚属，管辖方圆一万两千里的南方天地。他的后世子孙分别使用己、芈、彭、董、秃、妘、曹、斟八个姓氏，史称祝融八姓。其中芈姓后来发展为楚国的王族，因而祝融被楚人奉为祖先。

海外西经

夏后启

大乐之野，夏后启于此儛《九代》，

乘两龙，云盖三层。左手操翳，右手操环，

佩玉璜。在大运山北。

一曰大遗之野。

　　在大运山的北面有一个叫大乐之野的地方，当年夏王启在这里观看
《九代》乐舞，只见他驾着两条龙，飞腾在三重云雾之上。他左手握着一
把华盖，右手拿着一只玉环，腰间还佩带了一块玉璜。他曾经三次前往天
帝的宫中作客，因而看到了天宫中的乐舞——《九辩》与《九歌》。面对
这种"人间能得几回闻"的金阙仙乐，他决定要将其带回人间，于是便
悄悄地记录下来，然后带回人间在大乐之野演奏，这便是后来流传人间的
《九招》和《九代》。而另一种版本上则说启观看乐舞是在大遗之野。联
系到燧人氏、有巢氏以及启的父亲大禹治水等故事，我们似乎可以发现一
个有趣的现象：对于中国人而言，在面对现实的生存问题时，往往是相信
人定胜天；而面对精神世界的时候，则又总是天人合一的。宏大的工程与
精妙的创造总被说成是圣人、巧匠们的杰作，而伟大的艺术或深邃的思想
则往往伴随着种种神秘体验与传说。

奇肱国

奇肱之国在其北。其人一臂三目，
有阴有阳，乘文马。有鸟焉，两头，
赤黄色，在其旁。

奇肱国在一臂国的北面，据说距离玉门关有四万里。那里的人都只有一条胳膊，却有三只眼睛，这三只眼睛还分阴阳，而且是阴眼在上，阳眼在下。他们骑着一种名叫吉良的马，白色的身子，朱红色的鬃毛，双眼如同黄金一般，骑上它即可享寿千年，着实是一种神马，有的地方也写作吉量。栖息在他们身旁的还有一种鸟，长着两个脑袋，身子红黄相间。这里的人虽然只有一条胳膊，但却十分擅长制作各种奇器，有的用来捕捉鸟兽，还能制造飞车。传说商汤时期，他们坐着飞车乘着西风远行，结果一直飞到了豫州的地界，商汤得知后，命人把飞车破坏，不让民众看到。十年之后东风大作，商汤才让这些奇肱国人重制了一辆飞车，将其遣返。

刑天

刑天与帝至此争神，帝断其首，

葬之常羊之山。乃以乳为目，以脐为口，

操干戚以舞。

刑天的故事在中国广为流传，最早出自《山海经·海外西经》，说刑天与天帝争夺神位，结果战败被天帝砍断了脑袋，天帝把刑天的头埋在了常羊山上。没了头的刑天并没有死去，他以乳头作眼睛，以肚脐作嘴巴，一手持盾牌一手操大斧继续战斗。最终战斗的结果书中虽然没有记载，但我们不难推想。也有人说刑天是炎帝的臣子，而与他争夺神位的天帝就是黄帝。

现在这些都已无关紧要，"刑天舞干戚，猛志固常在"，陶渊明的诗句塑造了刑天精神。那种"知其不可为而为之"的执着，那种"寸丹为重分七尺为轻"的决然，那种"道之所在，虽千万人吾往矣"的君子本色，那种"不忘在沟壑，不忘丧其元"的英雄气概，那种"威武不能屈"的丈夫气节……绵延不绝，根深蒂固地护佑着我们这个民族。虽然未必能在每一次的乾撼坤炭之际都取得胜利，但却使得这个民族的精神历劫不磨，"月黑灯弥皎，风狂草自香"。

并封

并封在巫咸东，其状如彘，

前后皆有首，黑。

    在巫咸国的东面，有一种叫作并封的怪兽，它的样子像是普通的猪，但前后各长了一个头，全身都是黑色。在《大荒西经》里面也有一种两头怪兽，名叫屏蓬。而《逸周书》的《王会篇》里面也记载了一种样子像猪，而前后有两个脑袋的怪兽，名字叫鳖封。闻一多先生认为这三种怪兽实际是一种动物，并不是真正的外形古怪，而是雌雄交合的样子。这样说有一定的道理，但也无法查实，仅供大家参考。

轩辕国

轩辕之国在此穷山之际，其不寿者八百岁。

在女子国北。人面蛇身，尾交首上。

在穷山附近，女子国的北面有一个轩辕国，那里的人寿命最短也有八百岁。他们长着人的面孔却是蛇形的身子，尾巴还盘绕在头顶上。这个轩辕国可能是轩辕黄帝居住的地方，这样说来，黄帝可能也是人面蛇身。提到人面蛇身，最著名的莫过于伏羲和女娲，还有相柳、窫窳、贰负等，都是古代神话中的神灵。究其原因，从仰韶文化庙底沟遗址出土的陶瓶上，发现了人面蛇身且蛇尾绕在头顶的图案。这二者之间是否存在着必然的联系，值得我们进一步探索。

白民乘黄

白民乘黄

白民之国在龙鱼北，白身披发。有乘黄，

其状如狐，其背上有角，

乘之寿二千岁。

　　白民国在龙鱼居住地的北方，这里的人披散着头发，全身雪白。国中还有一种名叫乘黄的异兽，它的样子像狐狸，但背上却长有角。若是有人能骑上它，就可以活到两千岁，有的书上甚至说可以活到三千岁。

烛阴

钟山之神，名曰烛阴，

视为昼，瞑为夜，吹为冬，呼为夏，

不饮，不食，不息，息为风，身长千里。

在无启之东。

其为物，人面，蛇身，赤色，居钟山下。

　　钟山的山神，名叫烛阴，就是烛龙。他睁开眼睛便是白昼，闭上眼睛
便是黑夜，一吹气便是寒冬，一呼气便是炎夏，不喝水，不吃食物，不呼
吸，因为一呼吸就生成风，身子有一千里长。这位烛阴神在无启国的东面。
他的形貌是人的面孔，蛇的身子，全身赤红，居住在钟山脚下。值得注意
的是，他的这些神力很有些像"泣为江河，气为风，声为雷，目瞳为电，
喜为晴，怒为阴"的盘古。而且三国时期记述的盘古形象，也是我们现在
所能看到的最早的盘古形象，正是："盘古之君，龙首蛇身，嘘为风雨，
吹为雷电，开目为昼，闭目为夜"（见三国吴徐整著《五运历年记》，《广
博物志》卷九引）。因此袁珂《山海经校注》将烛阴作为盘古的原型，是
有一定道理的。

烛阴

柔利国

柔利国在一目东，为人一手一足，

反膝，曲足居上。

一云留利之国，人足反折。

柔利国，也叫留利国，位于一目国的东面。这里的人只有一只手和一只脚，因为没有骨头，所以膝盖反着长，脚也弯曲朝上，也有的说，这里人的脚是反折着的。

相柳

共工之臣曰相柳氏，九首，以食于九山。

相柳之所抵，厥为泽谿。

禹杀相柳，其血腥，不可以树五谷种。

禹厥之，三仞三沮，乃以为众帝之台。

在昆仑之北，柔利之东。

相柳者，九首人面，蛇身而青。

不敢北射，畏共工之台。

台在其东。

台四方，隅有一蛇，虎色，首冲南方。

共工有一个臣子名叫相柳氏，长着九个脑袋，人的面孔，蛇的身子，浑身是青色的，能够同时在九座山上吃食物。相柳氏所经过的地方，都变成了沼泽和溪流。后来大禹杀死了相柳氏，他的血流过的地方都发出腥臭味，不能种植五谷。大禹便想挖土填塞来阻挡血流，可每次填好就又塌陷下去，反复多次都这样。于是，大禹只好将挖掘出来的泥土用于为众帝修造帝台，帝台在昆仑山的北面，柔利国的东面。而在相柳的东面有共工台，台呈四方形，每个角上有一条蛇，身上的斑纹与老虎相似，头向着南方。人不敢向北方射箭，正是敬畏共工台威灵的缘故。在上古神话中共工是一位水神，因此他的臣子相柳能将所过之处皆变为湖泊溪谷。在《山海经》中与共工相斗的并不是后世传说中的颛顼（音专需），而是大禹。《淮南子》中曾说水灾乃是由共工兴起的，则他的臣子相柳被大禹所杀，正体现了大禹治水时除恶务尽之意。

聂耳国

聂耳之国在无肠国东，使两文虎，

为人两手聂其耳。

县居海水中，及水所出入奇物。两虎在其东。

聂耳国也叫儋耳国，位于无肠国的东面一座被海水环绕的孤岛上，因此能看到出入海水的各种怪物。那里的人据说是海神之子，耳朵都非常长，牵拉到胸前，因此平日里经常要用手托着自己的大耳朵。他们能够驱使两只花斑大虎。

夸父

夸父与日逐走，入日。

渴欲得饮，饮于河渭，河渭不足，北饮大泽。

未至，道渴而死。弃其杖。

化为邓林。

夸父逐日的故事在中国可以说是家喻户晓。夸父追逐太阳，一直追到了太阳落山的地方——禺谷。这时夸父干渴难耐想要喝水，于是一口气把黄河和渭河中的水喝了个精光，但喝完了之后还是不解渴，又想去喝北方大泽中的水，可还没走到，就渴死在半路上了。临死之际他将自己的拐杖扔了出去，拐杖落地变成了一片方圆三百里的桃林。这一故事在后世不断成为人们歌咏和评说的对象，最著名的莫过于陶渊明《读山海经》系列诗歌中的那首："夸父诞宏志，乃与日竞走。俱至虞渊下，似若无胜负。神力既殊妙，倾河焉足有？余迹寄邓林，功竟在身后"。《山海经》中，夸父的故事出现了不止一次，而与之有着同样精神的人更是俯拾皆是，像刑天，像精卫，等等。他们生前虽皆未能实现其抱负，但其遗留下来的未竟之业，和他们在这一过程中所体现出的种种精神与气节，却往往能灌溉后人，非止一世。因此，后世"忠臣义士，及身之时，事或有所不能济，而其志其功足留万古者，皆夸父之类，非俗人目论所能知也"。

禺强

北方禺强，人面鸟身，珥两青蛇，

践两青蛇。

　　禺强，是北海的海神，也是司理冬季的司冬之神，据说他是东海海神
禺䝞（音国）的儿子，辅佐颛顼管理北方。他长着人的面孔和鸟的身体，
耳朵上穿挂着两条青蛇，而脚底下又踩着两条青蛇。而根据其他的记载，
他可能还兼任风神。当他以风神的身份出现时，样子则变成了人的面孔和
手脚，但却长着鱼的身子。

大人国

大人国在其北，为人大，坐而削船。

一曰在磋丘北。

大人国在它的北面（我们现在无法确定这个"其"究竟指代的是哪
里），那里的人身材高大，正坐在船上撑船，而另一种说法认为大人国在
磋丘的北面。大人国以及与之相类似的巨人传说，在典籍中出现得非常多，
按《博物志》中的说法，大人国距离会稽有四万六千里，那里的人怀胎一
次要三十六年之久，等到孩子生下来头发都白了，生下来的孩子自然也都
十分高大，他们能够腾云驾雾却不能行走，有人说是因为他们虽然长着人
的样子，实际上却是龙的同类。

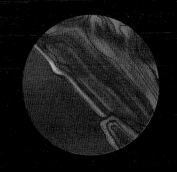

奢比尸

奢比之尸在其北，兽身、人面、大耳，

君子国

君子国在其北，衣冠带剑，食兽，

使二文虎在旁，其人好让不争。

有薰华草，朝生夕死。

    君子国在奢比尸的北面，那里的人衣冠整齐，腰间佩带宝剑，吃野兽，
身旁有两只使唤的花斑大老虎。他们为人谦和礼让而不好争斗。那里还有
一种薰华草，早晨开花到傍晚就凋谢。

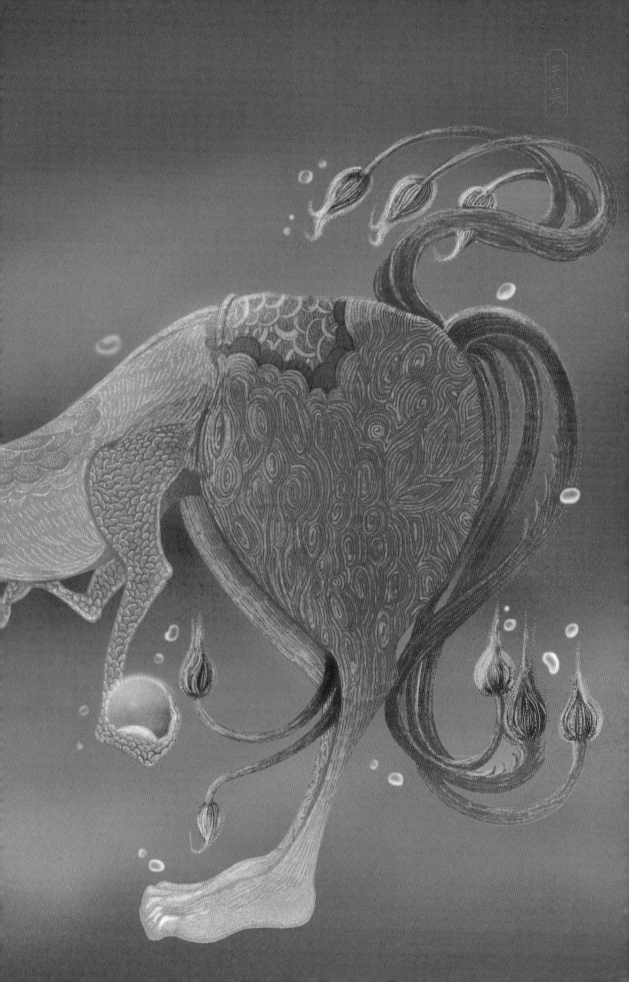

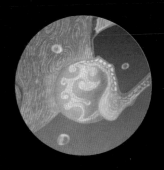

天吴

朝阳之谷，神曰天吴，是为水伯。

在蚕蚕北两水间。其为兽也，八首人面，

八足八尾，背青黄。

朝阳谷，这里居住的神叫作天吴，也就是传说中的水伯。他住在双重
彩虹北面的两条河中间。他的身躯是野兽的样子，长着八个脑袋、人的脸
面、八只脚、八条尾巴，背部的颜色青中带黄。

竖亥

帝命竖亥步，自东极至于西极，

五亿十选九千八百步。

竖亥右手把算，左手指青丘北。

一曰禹令竖亥。一曰五亿十万九千八百步。

　　天帝命令快走神人竖亥用脚步测量大地，从最东端走到最西端，是五亿十万九千八百步。竖亥右手拿着算筹，左手指着青丘国的北面。另一种说法是命令竖亥测量大地的不是天帝，而是大禹。关于大地幅员，古籍中常常有着各式各样的记载，例如《续汉书·郡国志》说自东极至西极，是二亿三万三千三百里七十一步，而从南极到北极，是二亿三万三千五百里七十五步。《山经·中山经》说，天地东西二万八千里，南北二万六千里。而《诗含神雾》中的说法更为夸张，它记载天地东西长二亿三万三千里，南北长二亿一千五百里，天地之间相隔了一亿五万里。这些数据来自哪里？是否仅仅是古人随意的想象？这些都值得我们进一步的思考。

扶桑树

下有汤谷。汤谷上有扶桑，十日所浴，
在黑齿北。居水中，有大木，
九日居下枝，一日居上枝。

下面（这个"下有"并非针对之前的黑齿国而言，现在无法确定具体指代）有一个山谷，名叫汤（音阳）谷，也可写作"旸谷"，在黑齿国的北面。这里是十个太阳洗澡的地方，因而谷中的水非常热。在汤谷边上有一棵扶桑树，正好在大水中间。另有一棵高大的树木，九个太阳停在树的下枝，一个太阳停在树的上枝，每天轮流交替，周而复始。

雨师妾

雨师妾在其北。

其为人黑，两手各操一蛇，

左耳有青蛇，右耳有赤蛇。

一曰在十日北，为人黑身人面，各操一龟。

雨师妾，有人认为是国名或部族名，也有人认为就是雨师屏翳的妾，雨师即是雨神。我们这里取前一种说法。雨师妾国的位置在汤谷的北面。那里的人全身黑色，两只手各握着一条蛇，左边耳朵上挂着一条青色的蛇，右边耳朵挂着一条红色的蛇。还有一种说法认为雨师妾国是在十个太阳所在地，也就是汤谷的北面，那里的人是黑色身子，人的面孔，两只手握着的不是蛇而是龟。

《海内四经》出现许多周朝
降的地名，例如闽、瓯、燕
朝鲜、倭等。这部分既有历
传闻中的文明场景，也有记
者当时所见到或听到的人文
动景观。

其中，《海内南经》自东南
西南记述。咒、巴蛇等神兽
孟涂神等在此地活动。

咒（音四）

咒在舜葬东，湘水南。

其状如牛，苍黑，一角。

    在舜帝陵寝的东边，湘水的南岸，生活着一种叫咒的猛兽。它的形状像牛，全身青黑的颜色，头上还长着一只角，重达千斤。然而这种猛兽并不仅生活在这里，《南次三经》中的祷过山下也多有此兽。后世周昭王南征楚地，过汉水时也曾遇到过大咒。据说用它的皮革制作成的铠甲，可以使用二百年。

建木

有木，其状如牛，引之有皮，若缨、黄蛇。
其叶如罗，其实如栾，
其木若芑，其名曰建木。
在窫窳西弱水上。

　　有一种树，它的形状像牛，一拉就往下掉树皮，树皮的样子像冠帽上的缨带，又像是黄色蛇皮。它的叶子像罗网，果实像栾树结的果实，树干像刺榆，名叫建木。这种建木生长在窫窳（音亚雨）西侧的弱水岸边上。建木叶子是青色的，树干是紫色的，开的花是黑色的，结的果却是黄色的。它所在地方是天地之中，人站在它的下面，影子会消失不见，喊叫也听不见声音。天帝天神通过它往来于天界和人间，它起到了天梯的作用。

氐人

氐人国在建木西，

其为人人面而鱼身，无足。

　　氐人国位于建木的西面，那里的人长着人的面孔，下面却是鱼的身子，且没有脚。在《大荒西经》中，它又被写作互人国。他们是炎帝的后裔，炎帝的一个孙子名叫灵恝（音颊），灵恝的儿子就是互（氐）人，氐人国就是他的后裔。他们虽然是半人半鱼的样子，也没有脚，但却能自由地上天，沟通天地。

巴蛇

巴蛇食象，三岁而出其骨，君子服之，

无心腹之疾。其为蛇青黄赤黑。

一曰黑蛇青首，在犀牛西。

　　巴蛇又名灵蛇、修蛇，属于蚺蛇的一种，它能生吞下一头大象，三年才吐出骨头。巴蛇吞象的故事由来已久，屈原在《天问》中还感叹，"一蛇吞象，厥大何如"。然而巴蛇的故事并不仅限于此，有才德的人吃了巴蛇的肉，就不患心痛和腹痛之类的病。而巴蛇的颜色是青、黄、红、黑等几种颜色混合间杂的。另一种说法认为巴蛇是黑色身子青色脑袋，在犀牛所在地的西面。

巴蛇

孟涂

夏后启之臣曰孟涂，是司神于巴。

人请讼于孟涂之所，其衣有血者乃执之。

是请生，居山上，在丹山西。

贰负之臣曰危

贰负之臣曰危，危与贰负杀窫窳。

帝乃梏之疏属之山，桎其右足，

反缚两手与发，系之山上木。

在开题西北。

　　贰负是一个人面蛇身的天神，他有一个臣子叫危，危与贰负合伙杀死
了另一个天神——窫窳。天帝（有人说是黄帝）大怒，下令将危拘禁在疏
属山中，并给他的右脚戴上刑具，还用他自己的头发反绑上他的双手，拴
在山上的大树下。据说这个地方在开题国的西北面。数千年后汉宣帝时，
有人在凿磐石的过程中，发现石室里面有一个人，他光着脚，披头散发，
双手被反绑，一只脚还带着刑具。人们将他送到长安，宣帝向大臣们询问
此人身份来历，众臣都不知道。只有刘向依据《山海经》的记载向宣帝解
释说这是贰负的臣子危，宣帝大惊。一时之间，长安城中人人争相学习《山
海经》。

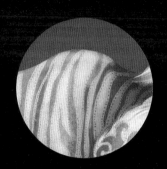

开明兽

昆仑南渊深三百仞。

开明兽身大类虎而九首，皆人面，

东向立昆仑上。

昆仑山的南面有一个深三百仞的沟涧。守护昆仑山的神兽开明兽，它的身形、大小都像老虎，但长着九个脑袋，而且这九个脑袋都是人面孔，朝东站立在昆仑山上。

三青鸟

西王母梯几而戴胜杖，其南有三青鸟，

为西王母取食。在昆仑虚北。

西王母倚靠着小桌案，头戴玉胜。在她的南面有三只勇猛健飞的青鸟，
正在为她觅取食物。西王母和三青鸟的所在地在昆仑山的北面。

犬封国

犬封国曰犬戎国，状如犬。

有一女子，方跪进柸食。

有文马，缟身朱鬣，目若黄金，

名曰吉量，乘之寿千岁。

犬封国也叫犬戎国，又叫狗国，在建木以东，昆仑正西。那里的人都长着狗的模样。关于这个国家的来历有不同的说法，一种说犬帝生苗龙，苗龙生融吾，融吾生弄明，弄明生了两头白犬，两头白犬自行交配，繁衍出了犬封国。还有一种说法是，盘瓠杀了戎王，娶了高辛给他的美女，在会稽以东封了三百里地，生下来的孩子，男孩都是狗的样子，女孩却都是美女，这个封地就是犬封国。在古图中，犬封国有一个女子，正跪在地上捧着一杯酒食向她的丈夫进献。这一风俗直到明清时期在云南的少数民族中还能看到，妻子服侍丈夫如同服侍君王一般。犬封国还出产一种有斑纹的马，白色的身子，红色的鬣毛，眼睛像黄金一样闪闪发光，名叫吉量，只要人骑上它，就能活到一千岁。传说周文王时，犬戎曾献上此马。

袜

袜，其为物人身、黑首、从目。

袜即魅（音妹），即鬼魅、精怪，这种怪物长着人的身子、黑色脑袋、竖着长的眼睛。它是山泽中的恶鬼，古时驱邪的大傩（音挪）中，专门有雄伯来吞食它。

驺(音邹)吾

林氏国有珍兽，大若虎，五采毕具，

尾长于身，名曰驺吾，

乘之日行千里。

林氏国有一种珍奇的野兽，大小像老虎，身上五彩齐备，尾巴比身子

长，名叫驺吾，骑上它可以日行千里。

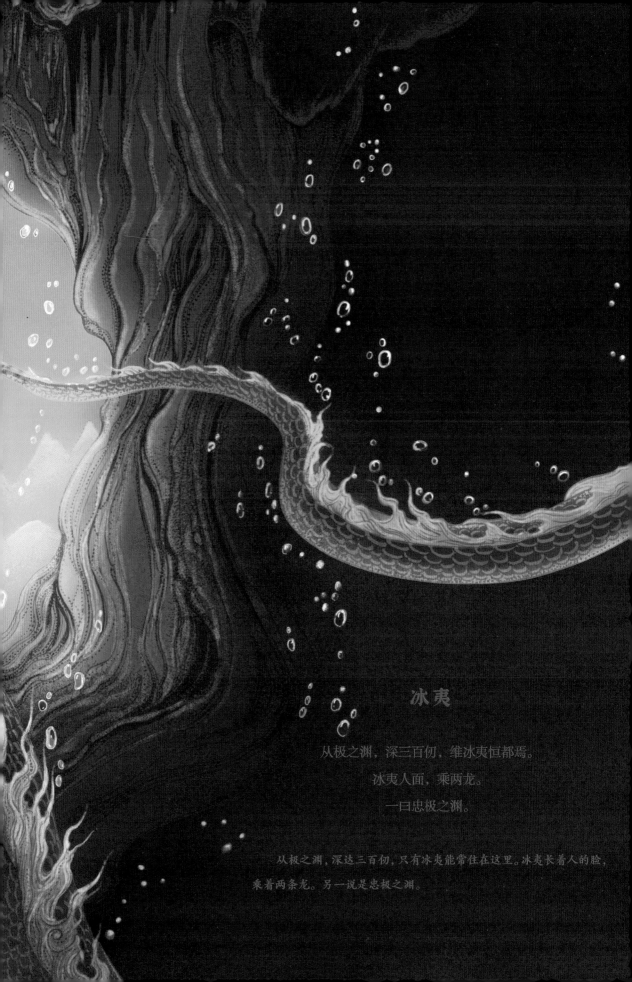

冰夷

从极之渊，深三百仞，维冰夷恒都焉。

冰夷人面，乘两龙。

一曰忠极之渊。

从极之渊，深达三百仞，只有冰夷能常住在这里。冰夷长着人的脸，
乘着两条龙。另一说是忠极之渊。

大蟹

大蟹在海中。

传说中，海中有一种巨大的螃蟹，长度有上千里。

蓬莱

蓬莱山在海中。

传说海上三神山之———蓬莱山在海中。山上的宫殿都是金玉建成的。仙山中所有的鸟兽都通体雪白，远远望去，好似白云一片。

雷神

雷泽中有雷神，龙身而人头，鼓其腹。

在吴西。

雷泽中有一位雷神，他长着龙的身子和人的头，敲打自己的肚子，就会发出响雷。雷泽和这位雷神的位置在吴地的西面。

《大荒四经》是一部人文地理与自然地理并重的著作，遗憾的是，其所记述的自然地理信息多已残缺破碎，今日难以复原确指。《大荒四经》的方位次序为东、南、西、北。其中，《大荒东经》自东南至东北，这里有王亥、应龙、夔……

小人国

有小人国，名靖人。

    有个小人国，那里的人被称作靖人。"靖"就是细小的意思，也有的书写作竫人，据说这些靖人的身高只有九寸。

王亥

有困民国，勾姓而食。

有人曰王亥，两手操鸟，方食其头。

王亥托于有易、河伯仆牛。

有易杀王亥，取仆牛。

河伯念有易，有易潜出，为国于兽，

方食之，名曰摇民。

帝舜生戏，戏生摇民。

有一个国家叫困民国，那里的人姓勾，以黍米为食物。有个人叫王亥，他用两手抓着一只鸟，正在吃鸟的头。王亥把一群肥牛寄养在有易族的君主绵臣和河伯那里。但绵臣却把王亥杀死，强占了那群肥牛。后来商族的新君上甲微兴师复仇，灭掉了有易的大部分族人。河伯哀念有易族人，便帮助余下的有易族人偷偷地逃出来，在野兽出没的地方建立国家，他们以野兽为食，这个国家叫摇民国，也就是之前说的困民国。另一种说法认为帝舜生了戏，戏的后代就是摇民。

王亥是商汤的七世祖，《史记》中将他的名字写作"振"，《汉书》中将他的名字写作"垓"。而根据出土的甲骨文，他名字的正确写法正是"亥"。也就是说，《史记》和《汉书》依据的是时代比较晚的文献，而《山海经》中却保存了更为古老而原始的信息。后世重视《山海经》的史料价值，这可以算是一个重要的例证。

应龙

大荒东北隅中，有山名曰凶犁土丘。

应龙处南极，杀蚩尤与夸父，不得复上。

故下数旱，旱而为应龙之状，

乃得大雨。

在大荒的东北角，有一座山名叫凶犁土丘。应龙就住在这座山的最南端，它是黄帝的神龙，曾经帮助大禹治水。蛟历经千年而化为龙，龙经过五百年而化为角龙，经过千年才能化为应龙。应龙长有翅膀，是所有龙中最为神异的。因为它杀了神人蚩尤和夸父，无法再回到天上，而天上因为没了兴云布雨的应龙，下界就常常闹旱灾。下界的人们一遇到天旱，就装扮成应龙的样子，或是塑造一个应龙的泥像来求雨，果然能求得大雨。

应龙

夔(音葵)

东海中有流波山，入海七千里。

其上有兽，状如牛，苍身而无角，一足，

出入水则必风雨，其光如日月，其声如雷，其名曰夔。

黄帝得之，以其皮为鼓，橛以雷兽之骨，

声闻五百里，以威天下。

　　东海当中有一座流波山，它位于入海七千里的地方。山上有一种怪兽，形状像牛，青苍色的身子却没有犄角，仅有一只蹄子，当它出入大海时必然会伴随着大风大雨，它身上发出的亮光如同日月之光，它吼叫的声音如同打雷，这怪兽名叫夔。黄帝得到它，便用它的皮蒙鼓，再拿雷兽，也就是前面提到的雷神的骨头当鼓槌来敲鼓，响声传到五百里以外，黄帝以此威震天下。其他典籍中夔的形象，还有说像龙的，也有说像猴子的。

大荒南经

跊（音触）踢

南海之外，赤水之西，流沙之东，有兽，

左右有首，名曰跊踢。

在南海海外，赤水以西，流沙以东，生长着一种怪兽，左右各有一个脑袋，名叫跊踢。它和《海外西经》中前后两个头的并封和《大荒西经》中左右双头的屏蓬同属一类。

卵 民

有卵民之国，其民皆生卵。

　　有一个国家叫卵民国，这里的人都是自己产卵，然后孩子从卵中孵化出来。

羲和

东南海之外，甘水之间，有羲和之国。

有女子名曰羲和，方浴日于甘渊。

羲和者，帝俊之妻，生十日。

在东南海之外，甘水流经的地方，有个羲和国。这里有一个叫羲和的
女子，她是帝俊的妻子，生了十个太阳，此时她正在甘渊中给她的太阳儿
子们洗澡。羲和可能是天地初开时的日神，后来尧帝时期设立羲和官，专
门负责观测各地的太阳时刻、制定历法、规范四时，便是借用了羲和这个
日神的称呼。

大
荒
西
经

不周山

西北海之外，大荒之隅，有山而不合，

名曰不周（负子），有两黄兽守之。

有水曰寒暑之水。

水西有湿山，水东有幕山。

有禹攻共工国山。

　　在西北海以外，大荒的角落里，有座山因为断裂而合不拢，名叫不周
山，据说就是共工和颛顼争帝位失败后怒撞的那个不周山。有两头黄色的
怪兽守护着它。有一条半冷半热的水流名叫寒暑水。寒暑水的西面有座湿
山，东面有座幕山。还有一座禹攻共工国山，可能是当年大禹攻伐共工的
战场吧。

女娲之肠

有神十人，名曰女娲之肠，化为神，

处栗广之野，横道而处。

有十个神人，名叫女娲之肠，他们都是由女娲的肠子变化而成神的。
他们住在称作栗广的原野上，紧挨着来往的道路。

女娲

女娲，古神女而帝者，人面蛇身，

一日中七十变。

　　女娲为上古时期最为知名的女神，也是创世神之一，她最主要的事
迹——造人和补天，相信大家耳熟能详，这里无须详述。据说她人面蛇身，
一日之内能变化七十次。值得注意的是女娲的地位，一度随着女性地位的
变化而变化。从汉代到南北朝，女娲被学者们称作是"古之神圣女""古
神女而帝者"，被列为三皇之一。然而到了唐代，司马贞作《三皇本纪》
开始对女娲变得冷漠，虽然还承认她是三皇之一，但却尽力地贬低她，说
她除了"作笙簧"以外没有什么贡献，而对于造人、补天等事迹只字不提。
再到后来，越来越多的人开始用五德终始说来否定女娲的三皇地位。到了

日月山神人嘘

大荒之中，有山名曰日月山，天枢也。

吴姬天门，日月所入。

有神，人面无臂，两足反属于头上，名曰嘘。

　　大荒当中有座山名叫日月山，是天的枢纽。这座山的主峰叫吴姬天门山，是太阳和月亮降落的地方。有一个神，长着人的脸，可是没有胳膊，两只脚反转着架在头上，名叫嘘。有人认为，他就是《海内经》中的"噎鸣"，是掌管日月星辰行次时间的神。

常羲

有女子方浴月。帝俊妻常羲，
生月十有二，此始浴之。

　　有个女子正在给月亮洗澡，她是帝俊的另一个妻子常羲，也叫常仪。她生了十二个月亮，现在才开始给月亮洗澡。羲和与常羲的这种故事模式，后来被道教接纳。道教传说，在龙汉祖劫之时，周御王的妻子紫光夫人生下了九个孩子，即北斗七星和辅、弼二星（另一说是紫微大帝和天皇大帝），合称北斗九皇，紫光夫人也就成为了道教大神之一的斗姥元君。可以看出，整个故事的模式几乎是完全一样的。

大荒北经

《大荒北经》自东北隅向西抵
隅，记述了 32 处自然与人类
活动场景，以及九凤等神。

九凤

大荒之中，有山名曰北极天柜，海水北注焉。

有神，九首人面鸟身，名曰九凤。

大荒当中，有座山名叫北极天柜山，海水从北面灌注到这里。有一个神，长着九个脑袋，人的面孔，鸟的身子，名叫九凤。九头鸟是楚民族信奉的神鸟，楚人崇拜九凤，由此可以看出九头鸟与楚地渊源密切。有人以为九凤即是奇鸧，即是摄人魂魄的姑获鸟。但二者样子并不相同，功用也大异，可能并无关系。

彊良

又有神，衔蛇操蛇，其状虎首人身，

四蹄长肘，名曰彊良。

又有神，嘴里衔着蛇，手中握着蛇，他的外形是老虎的头，人的身子，

四只蹄子，肘部很长，名叫彊良。